EDITORIAL EVEREST

ENCICLOPEDIA DE LOS NIÑOS

JOHN PATON

VOLUMEN 9
REVOLUCIÓN INDUSTRIAL - TORNADO

EDITORIAL EVEREST, S. A.

MADRID • LEON • BARCELONA • SEVILLA • GRANADA • VALENCIA
ZARAGOZA • LAS PALMAS DE GRAN CANARIA • LA CORUÑA
PALMA DE MALLORCA • ALICANTE – MEXICO • BUENOS AIRES

Título original: *Children's Encyclopedia*

Traducción y realización:
THEMA. Equipo Editorial. Barcelona

SEGUNDA EDICIÓN

© Grisewood & Dempsey Ltd 1989 y
EDITORIAL EVEREST, S. A.
Carretera León-La Coruña, km 5 - LEÓN
ISBN: 84-241-2070-1 (Obra completa)
ISBN: 84-241-2079-5 (Tomo IX)
Depósito legal: LE. 453-1991
Printed in Spain - Impreso en España

EDITORIAL EVERGRÁFICAS, S.A.
Carretera León-La Coruña, km 5
LEÓN (España)

SÍMBOLOS DE MATERIAS

Cada entrada o voz de esta Enciclopedia tiene su propio símbolo, fácilmente reconocible, situado al lado de la voz. Este símbolo te indicará, con una rápida ojeada, a qué área de interés se refiere la voz consultada –sobre animales, historia, ciencia...–. Aquí te mostramos los 16 símbolos de materias que hemos utilizado. Al final de la Enciclopedia (en el volumen 10) encontrarás una lista de todas las voces agrupadas por estas materias.

ANIMALES Descripciones sobre su comportamiento, sus guaridas y sobre especies: mamíferos, aves, reptiles, peces, insectos, etc.

ARTES Dibujo, pintura, música, escultura, ballet, danza moderna, teatro, televisión, cine, etc., además de los grandes artistas.

ASTRONOMÍA Y ESPACIO El nacimiento del Universo, el sistema solar, las galaxias, los planetas, la exploración del Espacio, etc.

CIENCIAS La aplicación diaria de la ciencia, los elementos, fuentes de energía, científicos importantes, etc.

CUERPO HUMANO Cómo funciona nuestro cuerpo, la genética, el proceso del nacimiento, el envejecimiento, las enfermedades, el sistema inmunitario, etc.

DEPORTES Y ENTRETENIMIENTOS Los deportes de competición, los mejores atletas y la descripción de numerosas aficiones y pasatiempos.

EDIFICACIONES La historia y el desarrollo de la arquitectura, las construcciones modernas, el diseño, arquitectos y edificios famosos, etc.

HISTORIA Los acontecimientos más importantes y las más grandes figuras, desde las antiguas civilizaciones hasta nuestros días.

LENGUA Y LITERATURA Cómo se forma una lengua, además de datos interesantes sobre los principales dramaturgos, novelistas, poetas, etc.

MÁQUINAS Y MECANISMOS Explicaciones que van desde los simples mecanismos hasta las más complejas máquinas y sus inventores.

PAÍSES Y LUGARES Mapas, descripciones, banderas, datos, estadísticas esenciales, etc., sobre todos los países del mundo y sobre algunos lugares de interés especial.

PLANTAS Y ALIMENTOS Desde las plantas microscópicas hasta los árboles gigantes, lo que son, cómo crecen, los alimentos que pueden obtenerse de ellos.

RELIGIÓN, FILOSOFÍA Y MITOS Cómo han evolucionado a través de los tiempos y las creencias que han sobrevivido hasta nuestros días.

SOCIEDAD Descripciones sobre poblaciones del mundo, su organización, costumbres y datos sobre sus gobiernos.

LA TIERRA Cómo se formó y los cambios que aún se producen en ella, sus desiertos, montañas, ríos, etc.

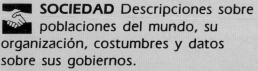
VIAJES Y TRANSPORTES La historia del desarrollo de aviones, barcos, ferrocarriles, coches, motocicletas, etc.

Revolución Industrial

Se conoce como Revolución Industrial el gran cambio que tuvo lugar en Europa en los siglos XVIII y XIX, cuando empezaron a producirse en las factorías todo tipo de bienes y productos a máquina en vez de hacerlos a mano. Las nuevas máquinas estaban movidas por motores de vapor y podían producir con mucha mayor rapidez. La minería y la producción de metales ganó en importancia y comenzó la era del FERROCARRIL. Mucha gente se trasladó a las ciudades para trabajar en las factorías.

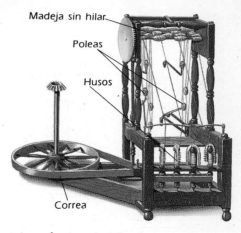

Madeja sin hilar
Poleas
Husos
Correa

▲ La máquina de hilar fue una de las muchas máquinas nuevas que se inventaron durante la Revolución Industrial. Cambió formas de trabajo que no lo habían hecho durante siglos.

◀ En el siglo XVIII Europa fue escenario de enormes cambios sociales. Nuevos métodos de cultivo de la tierra reemplazaron a los tradicionales, y muchos campesinos y granjeros tuvieron que trasladarse a la ciudad, donde la superpoblación estableció unas terribles condiciones de vida.

Reyes Católicos

Los Reyes Católicos fueron Isabel I de Castilla y Fernando II de Cataluña y Aragón. Juntos gobernaron estos tres reinos unidos por primera vez bajo un solo mando. Su nombre les viene de su afán por preservar la fe católica de cualquier peligro, lo que les decidió a fundar la Inquisición y a expulsar a los judíos de España. Por otra parte sometieron a la nobleza, conquistaron Granada, patrocinaron la conquista de América, recuperaron el Rosellón y Cerdeña y conquistaron Nápoles.

Ría

Una ría se forma cuando un valle muy bajo desemboca en el mar y éste lo inunda. Una ría es, pues, una entrada

▲ Isabel la Católica fue la gran patrocinadora de la conquista de América.

▲ Magnífica vista de la ría de Pontevedra, con la isla de Tambo al fondo. ▬

de agua marina en la tierra. Las hay sobre todo en Galicia y Bretaña, y es notable también la del puerto de Mahón, en la isla de Menorca.

Riego

Los agricultores y jardineros tienen a veces que regar determinadas plantas, y a esta acción se la llama riego. El riego hace posible las cosechas y el crecimiento de plantas y flores en suelos secos, incluso en un DESIERTO. Los agricultores de China, Egipto e Irak irrigaron grandes extensiones de terreno durante miles de años.

En muchos países el agua se almacena en lagos artificiales que se consiguen construyendo una presa a lo ancho de un río. Los CANALES llevan el agua desde las presas a las tierras de cultivo. En Rusia se construyó un canal de riego de 850 kilómetros de longitud. Acueductos descubiertos o tuberías conducen el agua desde los canales a los campos. En el campo el agua fluye entre las hileras de plantas. A veces se la hace salir a presión por pequeños agujeros en las tuberías o, en la actualidad, mediante aparatos de riego por aspersión que hacen que el agua caiga sobre las plantas como si fuera lluvia.

Pozo artesiano

El pozo artesiano fue utilizado para la irrigación 5.000 años a.C.

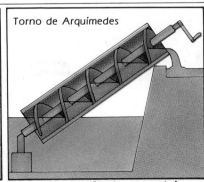

Torno de Arquímedes

El torno de Arquímedes se empleó como espiral giratoria para elevar el agua.

Canales del rey Senaqueribo

El rey Senaqueribo de la antigua Asiria construyó canales de irrigación.

▲ El riego y la irrigación son tan viejos como la misma agricultura, y muchas sociedades antiguas desarrollaron sus propios métodos para hacer que el agua llegara a los campos. Muchos de esos métodos se siguen utilizando en la actualidad.

Rinoceronte

A veces descrito como un «tanque con patas», el rinoceronte es uno de los mayores y más fuertes animales terrestres. Un rinoceronte adulto, en pleno desarrollo, puede pesar hasta tres toneladas y media. Este gran animal tiene una dura piel correosa y uno o dos cuernos sobre el hocico. Estos cuernos están formados por pelo, y pueden llegar a medir hasta 127 centímetros.

▼ Aunque su escasa vista hace del rinoceronte una presa fácil para el cazador, el animal compensa esta deficiencia con unos excelentes sentidos del oído y el olfato.

El rinoceronte vive en África y en el sureste de Asia. Se alimenta de tallos y hojas, ramas y hierba.

Aun cuando el rinoceronte adulto no tiene enemigos naturales, ha sido sometido a una caza exhaustiva a causa de sus cuernos, y se ha convertido en una especie en peligro de extinción. Se cree que el cuerno de rinoceronte, reducido a polvo, puede ser un medicamento muy poderoso. También se dice que detecta la presencia de veneno en el vino. Ninguna de estas creencias es cierta.

La capacidad del rinoceronte de embestir muy rápidamente en cortas distancias hace de él un animal cuya caza puede resultar muy peligrosa.

Riñón

Todos los VERTEBRADOS (animales con columna vertebral) tienen dos riñones, cuya forma es parecida a una judía de color rojo-oscuro. Los riñones humanos poseen más o menos el tamaño de un puño y están situados uno a cada lado de la columna vertebral y a la altura aproximada de la cintura.

Los riñones limpian o depuran la SANGRE, es decir, filtran todas las sustancias nocivas y eliminan el agua que el cuerpo no necesita. La sangre, bombeada por el CORAZÓN, llega a cada riñón por medio de una ARTERIA. Cada riñón contiene unos tubos que actúan como filtros. Célu-

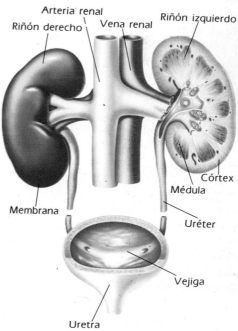

Arteria renal
Riñón derecho
Vena renal
Riñón izquierdo
Córtex
Médula
Membrana
Uréter
Vejiga
Uretra

▲ Los riñones son parte de un sistema vital para limpiar la sangre de impurezas y librarla de un exceso de agua. Las impurezas y el agua sobrante pasan por la uretra hasta la vejiga, y dejan el cuerpo convertidas en orina.

LOS RÍOS MÁS LARGOS

	km
Nilo, *África*	6.690
Amazonas, *América del Sur*	6.437
Mississippi-Misouri, *EUA*	6.212
Irtish, *Unión Soviética*	5.570
Yangtzé, *China*	5.520
Río Amarillo, *China*	4.672
Zaire (Congo), *África*	4.667
Amur, *Asia*	4.509
Lena, *Unión Soviética*	4.269
Mackenzie, *Canadá*	4.241
Mekong, *Asia*	4.184
Níger, *África*	4.168

las sanguíneas, pequeñas partículas de alimentos y otras sustancias útiles se quedan en la sangre para ser utilizadas por el cuerpo. Toda la materia de desecho y el agua sobrante se mezclan para producir la orina, que gotea poco a poco de los riñones a la vejiga.

Río

Los ríos son uno de los accidentes geográficos más importantes del mundo. En tamaño van desde el diminuto arroyo a la colosal corriente de agua que recorre miles de kilómetros.

Los mayores ríos del mundo son el AMAZONAS, el MISSISSIPPI y el NILO, todos los cuales irrigan enormes superficies de tierra. La cuenca del Amazonas, por ejemplo, ocupa una superficie superior a la de toda Europa occidental.

Muchos ríos sirven como líneas de comunicación que permiten que grandes buques, incluso transatlánticos, lleguen a lugares situados tierra adentro. En las junglas tropicales muchas veces son la única vía de comunicación posible. Los ríos con presas y diques nos ayudan a la obtención de electricidad. El agua de los ríos se utiliza para irrigar tierras de cultivo en lugares desérticos o muy secos del planeta.

▶ Durante siglos, los ríos cavaron valles en la tierra en su camino hacia el mar. Desde las cumbres de las montañas se deslizan pequeñas corrientes de agua procedente de la fusión de las nieves, que van aumentando su caudal a medida que se les unen nuevas corrientes de agua, y recogen minerales y otros sedimentos a medida que recorren el paisaje. Esos sedimentos se depositan en el fondo cuando el fluir del río se hace más lento, al acercarse a su desembocadura en el mar, formando grandes deltas.

Valle fluvial

Llanura de aluvión

Delta

Roble

Roble albar

▼ La mayor parte de las especies de roble son de hoja caduca, es decir, que las pierden cada año en otoño y les crecen de nuevo en primavera. El fruto de este árbol se llama bellota, y en la mayoría de las especies es amarga y, aunque la comen las ardillas, no es apta para la alimentación humana.

Bellotas pedunculadas

Los robles son árboles que producen unos frutos duros llamados bellotas. Algunos robles tienen troncos cuyo perímetro puede superar los 11 metros. Crecen muy lentamente y pueden llegar a vivir hasta 900 años. Existen unas 275 especies de robles. La mayor parte de ellos son de hoja caduca, y en este caso las hojas tienen los bordes duros y con muescas. Pero en los robles de hoja perenne, éstas poseen bordes suaves y muy brillantes.

La madera del roble es muy dura y tarda mucho en pudrirse, razón por la cual se utilizó para construir los grandes veleros y buques de combate de la antigüedad. El tanino de las hojas de roble se emplea para el curtido del cuero. El alcornoque del que se extrae el CORCHO es una especie de roble.

▼ Ésta es la imagen tradicional de un robot, con apariencia de ser humano de metal, pero en realidad los robots actuales son muy distintos.

Robot

En los filmes y libros que sitúan su acción en el futuro, los robots se presentan frecuentemente con la apariencia de seres humanos de metal que pueden andar, hablar e incluso pensar.

Los verdaderos robots son algo diferente. Son máquinas con brazos que pueden mover en distintas direcciones. Los robots son máquinas *programables*. Esto significa que pueden recibir instrucciones para realizar diferentes tareas. Estas instrucciones, o programas, son almacenadas en el ordenador que constituye el «cerebro» del robot.

La mayor parte de los robots trabajan en la industria y realizan tareas tales como pintar, soldar o levantar gran-

▲ Uno de los robots industriales más vendidos es el *Unimate*, construido por la firma estadounidense Unimation. Puede realizar un gran número de trabajos diversos, según su programación y control. Es capaz de soldar piezas de metal y mover objetos de un lugar a otro.

des pesos y cargas. También hay robots que trabajan en lugares que resultarían peligrosos o inaccesibles para el hombre, como por ejemplo en centrales nucleares o en el espacio exterior.

Roca

La roca es una sustancia MINERAL. Las *rocas ígneas* se formaron al endurecerse el magma (roca fundida). Cuando este enfriamiento se produjo sobre la superficie de la Tierra, se formaron rocas como el basalto o la obsidiana. Al producirse el endurecimiento bajo tierra se formaron rocas como el GRANITO.

Las *rocas sedimentarias* están compuestas por sedimentos, como por ejemplo arena. Los conglomerados son rocas formadas por guijarros y arena. Algunos tipos de piedra caliza son sedimentos formados principalmente por los restos de algunas plantas y fósiles de animales muertos.

Las *rocas metamórficas* son rocas ígneas o sedimentarias que cambiaron a causa del gran calor y de una enorme presión. Por ejemplo, la piedra caliza puede *metamorfosearse* (transformarse) en MÁRMOL.

La Tierra está cubierta por una costra de roca de 20 a 60 km de grosor. La mayor parte está cubierta, pero en muchas partes esta costra de roca permanece al descubierto.

Coleccionar rocas puede resultar divertido y, al mismo tiempo, enseñarnos muchas cosas sobre la Tierra. Es fácil encontrar todo tipo de rocas, incluso en una ciudad. Puedes comenzar comprando un manual adecuado que te enseñe a identificar y a encontrar los tipos de roca más interesantes. Las canteras, las obras de construcción y los acantilados marinos son buenos lugares para la búsqueda de rocas.

> Todas las gemas, excepto las perlas, proceden de las rocas. Todos comemos un tipo de roca a diario: la sal común.

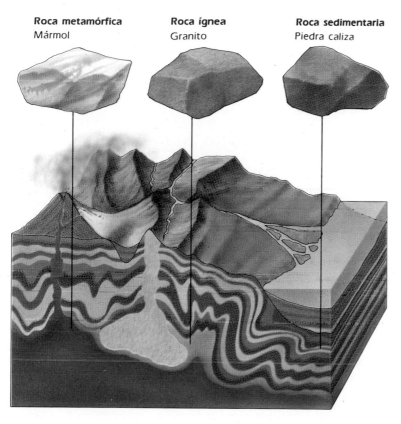

Roca metamórfica
Mármol

Roca ígnea
Granito

Roca sedimentaria
Piedra caliza

◀ El granito es una roca que se endureció bajo la superficie terrestre; la piedra caliza está formada por capas de sedimentos compuestos por los restos de criaturas marinas muertas. El calor y la presión ejercidos bajo tierra sobre la piedra caliza la transforman en mármol, una roca metamórfica.

Ardilla voladora

Marmota

Roedores

Los roedores constituyen un grupo de animales que se alimentan royendo. Carecen de colmillos y tienen fuertes incisivos un tanto salientes y que crecen de forma continua. También utilizan esos dientes para cavar sus madrigueras en el suelo. Los CASTORES incluso emplean los incisivos para cortar árboles bastante grandes.

Existen unas dos mil especies de roedores, entre las que destacan los RATONES, RATAS, PUERCO ESPINES Y ARDILLAS. El *capibara* suramericano es el mayor de los roedores, con aspecto similar al de un gigantesco CONEJILLO DE INDIAS, pudiendo alcanzar una longitud de 1,25 metros y un peso de más de 45 kilos. El más pequeño de todos los roedores es el ratón de campo europeo, que sólo mide siete centímetros de longitud.

▲ Dos de las muchas especies de roedores. La ardilla voladora no vuela realmente, sino que planea con ayuda de una membrana de piel que tiene entre sus patas delanteras y traseras. La marmota es muy preciada por su piel.

ROMA

De acuerdo con la leyenda, Roma fue fundada por descendientes de Eneas, un troyano que huyó a Italia tras la caída de Troya. Dos de sus descendientes fueron Rómulo y Remo, dos hermanos gemelos, abandonados al nacer y que fueron amamantados por una loba. Al hacerse mayores, los hermanos fundaron la ciudad sobre una de las siete colinas de la actual Roma. Al cabo de un tiempo se enfrentaron entre ellos, y Rómulo mató a su hermano para convertirse en único señor de Roma. La tradición dice que Roma fue fundada el 21 de abril de 753 a.C. Los romanos siguen celebrando ese día.

Roma

Roma es la capital de ITALIA. Con una población de 2.800.000 habitantes es, también, la ciudad más poblada del país. Roma está situada a orillas del río Tíber. Muchos turistas visitan Roma para contemplar las ruinas del antiguo Imperio Romano y sus bellos monumentos.

▶ Una vista de Roma desde la cúpula de la Basílica de San Pedro y sobre la plaza del mismo nombre, con sus famosas columnas. En los días en que se celebran importantes fiestas religiosas, gentes de todo el mundo se concentran allí para asistir a los actos.

▲ Antes de la invención de la rueda el hombre arrastraba las cargas muy pesadas haciéndolas rodar sobre troncos redondos.

▼ Los sumerios construían sus ruedas macizas con tres troncos, hace aproximadamente unos 5.000 años.

▲ Esta rueda egipcia se construyó en el siglo XVI a.C.

▶ Las ruedas modernas son muy distintas de la rueda inventada hace 5.000 años. Esta ilustración muestra algunas de las ruedas utilizadas a lo largo de la historia.

Ruanda

Ruanda es un pequeño país del África central que goza de un clima fresco y agradable. La mayor parte de su población vive de la agricultura y la ganadería. Ruanda, que formó parte del fideicomisariado belga de Ruanda-Urundi, obtuvo su independencia en 1962. El país es uno de los más densamente poblados de África.

Rueda

La rueda es uno de los más útiles INVENTOS del ser humano. Una rueda que gira en torno a un eje facilita un sistema excelente para mover pesos. Es mucho más fácil transportar una carga sobre ruedas que alzarla para moverla o arrastrarla sobre el suelo.

Es posible que en la EDAD DE PIEDRA la gente aprendiera a hacer rodar sus cargas sobre troncos de árboles, pero la rueda no se inventó hasta la EDAD DE BRONCE, hace unos 5.000 años. Las más antiguas ruedas conocidas parecen rodajas cortadas de un tronco. Pero cada disco sólido estaba hecho de tres partes.

Al principio la rueda estaba fija en el eje y era éste el que giraba en agujeros hechos en la estructura del carro.

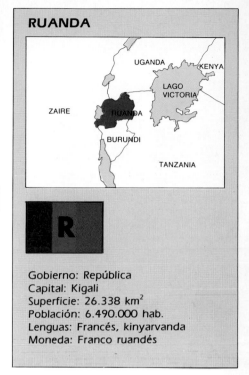

RUANDA

Gobierno: República
Capital: Kigali
Superficie: 26.338 km^2
Población: 6.490.000 hab.
Lenguas: Francés, kinyarvanda
Moneda: Franco ruandés

◀ Los carruajes del siglo XIX ya tenían ruedas con radios.

▲ El hombre empezó a utilizar la rueda en la alfarería hacia el año 3250 a.C.

▶ Durante la Edad Media los molinos de agua aplicaron la rueda para mover simples máquinas.

▶ Las ruedas de los trenes están hechas de acero. Poseen un reborde saliente para que puedan circular sobre raíles de hierro.

▶ Esta moderna rueda de motocicleta es de acero y cuenta con una cubierta neumática de caucho que se llena de aire.

▲ El jugador de rugby, una vez en posesión de la pelota, ha de correr rápidamente para evitar ser «placado» por un jugador del equipo contrario.

Más tarde los ejes se fijaron y fue la rueda la que giraba libremente en los extremos del eje.

La gente aprendió pronto que una rueda con radios era tan sólida como una maciza y, al mismo tiempo, mucho más ligera. En la actualidad las ruedas de los coches y otros tipos de vehículos están rodeadas en su exterior por un neumático hueco, lleno de aire, para darle mayor elasticidad y mitigar las vibraciones.

Los cojinetes hacen que las ruedas giren con mayor suavidad sobre sus ejes. Las ruedas dentadas que se acoplan unas a otras forman engranajes que ayudan al funcionamiento de todo tipo de maquinaria.

Rugby

El rugby es un deporte relacionado con el FÚTBOL en sus orígenes, aunque distinto en sus reglas actuales, que se juega entre dos equipos y con balón ovalado. Para conseguir un *try* en rugby el balón tiene que ser llevado más allá de la línea de gol por un jugador del equipo atacante, que ha de tocar el suelo con el balón en la mano. Para apuntarse un gol, es necesario que la pelota pase por encima de la barra horizontal de la meta y entre los dos palos verticales, que forman entre sí una H.

En el *rugby unión*, el más común fuera del Reino Unido, cada equipo tiene quince jugadores. El *rugby liga (league rugby)* es una variación del juego, bastante popular en Gran Bretaña, que se juega con 13 jugadores y con unas reglas algo diferentes. Su nombre proviene de la Rugby School, el colegio británico donde comenzó a jugarse como una variante del fútbol, en 1823.

Rumania

Rumania es un pequeño país situado en el sureste de Europa, con bellas montañas y muchos bosques. La mayor parte de sus habitantes son agricultores, pero también abundan las minas y produce petróleo. Desde el siglo XV hasta el siglo XX Rumania formó parte del Imperio Turco. Desde 1940 hasta fecha muy reciente, en que experimentó cambios con tendencia democrática, al igual que gran parte de los países del Este de Europa, fue una república socialista.

RUMANIA

POLONIA
CHECOSLOVAQUIA
URSS
HUNGRÍA
RUMANIA
YUGOSLAVIA
MAR NEGRO
BULGARIA

Gobierno: República presidencialista
Capital: Bucarest
Superficie: 237.500 km^2
Población: 22.800.000 hab.
Lenguas: Rumano, húngaro, alemán
Moneda: Leu

Rusia (ver Unión Soviética)

Sabor

Las papilas gustativas de la LENGUA nos permiten experimentar el sabor de los alimentos. Tu lengua está cubierta de pequeños salientes, las papilas linguales, y las papilas gustativas se hallan dispuestas a los lados de esos salientes. En la parte inferior, en la punta y a los lados de la lengua hay agrupaciones de papilas gustativas; una serie de NERVIOS que van desde aquéllas al cerebro te permiten apreciar si lo que estás comiendo es dulce, agrio, amargo o salado.

El gusto es una mezcla del sabor y el olor del alimento. Si padeces un fuerte resfriado y tienes la nariz obstruida, el alimento apenas te sabe a nada. La mejor manera de tomar una medicina de mal sabor consiste en taparse la nariz al ingerirla.

Experiméntalo

Este sencillo experimento te permitirá localizar las diferentes papilas gustativas. Coloca en un platillo un poco de azúcar, zumo de limón, sal y esencia de vainilla. Asegúrate de que no se mezclan. Con un pincel limpio, deposita un poco de cada sustancia en distintas partes de tu lengua. ¿Puedes sentir el sabor del azúcar y de la sal a los lados de la lengua? ¿Dónde sientes el sabor de las otras sustancias?

Sacro Imperio Romano

Durante muchos años, gran parte de Europa estuvo más o menos unida formando parte del Sacro Imperio Romano. En épocas diversas, incluyó Italia, Alemania, Austria y partes de Francia, los Países Bajos y Suiza.

El día de Navidad del año 800, el papa León III coronó a CARLOMAGNO (y de ahí el nombre de Imperio Carolingio como también se llama a este período) primer «Emperador de los Romanos». La palabra «sacro» se añadió al título imperial años más tarde. Transcurrido un tiempo, los papas empezaron a encontrar más inconvenientes que ayuda en los emperadores, y a fines del siglo XIII el soberano procedía siempre de la familia de los HABSBURGO, gobernante de la poderosa Austria.

Cuando algunos estados alemanes empezaron a crecer en el siglo XVI, los emperadores comenzaron a perder

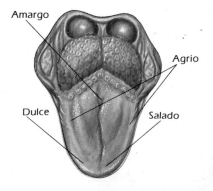

▲ Cada zona de papilas gustativas en la lengua percibe un tipo de sabor.

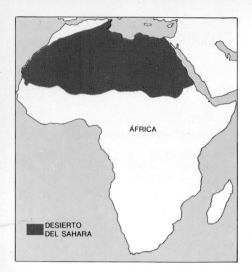

ÁFRICA

DESIERTO
DEL SAHARA

poder. En el siglo XIX, el emperador lo era tan sólo, en realidad, de Austria y Hungría.

Sahara, desierto del

El Sahara es el mayor de los DESIERTOS cálidos del mundo. Cubre unos 8,4 millones de kilómetros cuadrados en el norte de África. Se extiende desde el Océano Atlántico por el oeste, hasta el mar Rojo por el este. En el norte, alcanza la costa mediterránea en Libia y Egipto. Recientemente, sobre los países situados al sur del Sahara ha caído muy poca lluvia. A causa de esto, el desierto avanza lentamente en dirección sur.

Alrededor de un tercio del Sahara está cubierto de arena. Otras partes están cubiertas de grava y piedras o de roca desnuda. El Sahara es el lugar más caluroso de la Tierra; en él se ha registrado la temperatura más alta a la sombra: 57,7 °C.

SAINT KITTS Y NEVIS

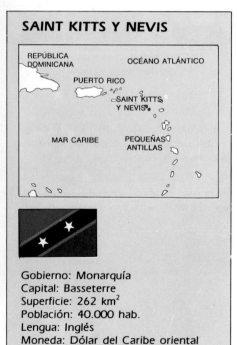

REPÚBLICA
DOMINICANA
OCÉANO ATLÁNTICO
PUERTO RICO
SAINT KITTS
Y NEVIS
MAR CARIBE
PEQUEÑAS
ANTILLAS

Gobierno: Monarquía
Capital: Basseterre
Superficie: 262 km^2
Población: 40.000 hab.
Lengua: Inglés
Moneda: Dólar del Caribe oriental

Saint Kitts y Nevis

Estas dos pequeñas islas se encuentran en las Pequeñas Antillas, en el Caribe. Fueron pobladas por los británicos en 1623 y gobernadas como colonia hasta que alcanzaron su plena independencia en 1983. Su principal industria es la azucarera.

Sal

Cloruro de sodio es la denominación química de la sal que consumimos. Precisamos cierta cantidad de sal, pero

▶ Obtención de la sal a partir del agua de mar, que se evapora a causa del calor del Sol. Contiene otros minerales, como el yodo.

no demasiada, para la salud. La sal también se emplea para la conservación de los alimentos, y asimismo es importante en muchas industrias. Gran parte de la que ingerimos procede del agua del mar, pero otra parte se extrae de depósitos en la superficie terrestre.

Curiosamente, cuando el salmón alcanza la madurez y llega la época de la reproducción, emprende el viaje río arriba, luchando contra la corriente, rápidos y cascadas. El instinto que lo impulsa a remontar el río es tan poderoso que puede llegar incluso a morir en el intento.

Salmón

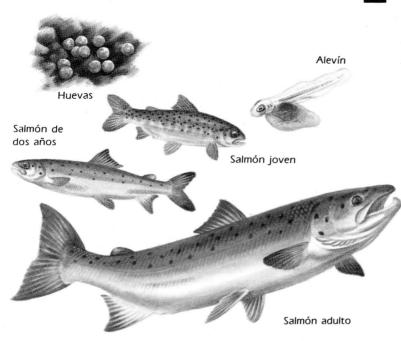

Huevas

Alevín

Salmón de dos años

Salmón joven

Salmón adulto

◄ Los salmones nacen de huevas depositadas en los ríos. Los alevines recién nacidos viven con la yema de la huevas adherida a su cuerpo. Al cabo de dos años emigran al mar. Ya adultos, regresan a los ríos para reproducirse.

Los salmones son PECES que se reproducen en ríos poco profundos. Tras la eclosión de las huevas, el joven salmón nada río abajo hasta el mar, donde transcurre su vida adulta (de uno a tres años). Luego regresa a su lugar de nacimiento para la reproducción, lo cual puede significar un viaje de cientos de kilómetros.

Saltamontes

Estos INSECTOS tienen antenas, alas y largas patas traseras. Un saltamontes puede saltar 20 veces su propia longitud. Los saltamontes comen hojas, y los llamados LANGOSTAS dañan las cosechas. Numerosos machos «cantan» frotando las patas posteriores contra las alas.

▼ La cabeza del saltamontes es, generalmente, cónica y prolongada. Tiene ojos compuestos, antenas finas y alas membranosas.

Salud

Una de las cosas más importantes en la vida es una buena salud. Ésta permite a una persona llevar una exis-

SAMOA

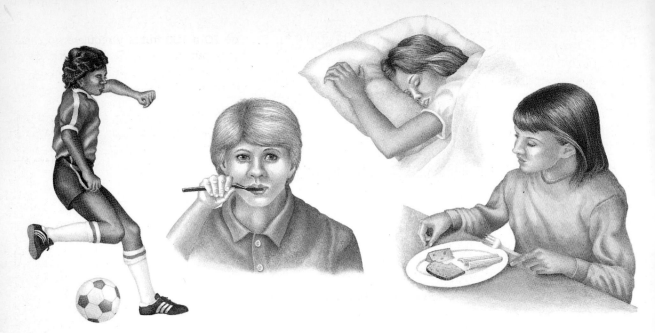

▲ Mucho ejercicio y una dieta equilibrada son esenciales para la salud del cuerpo. Dormir lo suficiente y cuidar la higiene te garantizarán fortaleza y bienestar.

SAMOA

ISLAS SALOMÓN

SAMOA

FIDJI

OCÉANO PACÍFICO

AUSTRALIA

NUEVA ZELANDA

Gobierno: Democracia parlamentaria
Capital: Apia
Superficie: 2.842 km²
Población: 170.000 hab.
Lenguas: Samoano, inglés
Moneda: Tala

tencia feliz, útil y próspera. Existen ciertas reglas que nos ayudan a mantenernos sanos.

Debemos ingerir una dieta equilibrada, con las clases adecuadas de ALIMENTOS, y beber mucha agua. Todos los alimentos engordan si se comen en cantidades excesivas, pero sobre todo si se trata de féculas, grasas y dulces.

Debemos hacer EJERCICIO con regularidad, a ser posible al aire libre, y dormir lo suficiente. El número de horas que necesitamos dormir depende de nuestra edad. Los bebés duermen de 20 a 22 horas diarias, mientras que las personas mayores sólo precisan de 6 a 7 horas.

Debemos hacer lo posible por mantenernos limpios. Es importante lavarse con regularidad, especialmente las manos. Los dientes, desde luego, deben cepillarse por la noche y por la mañana, y, más convenientemente, después de las comidas.

La buena salud es un tesoro inapreciable, por lo que merece la pena conservarla.

Samoa

Samoa es un pequeño país de la COMMONWEALTH, y forma parte del archipiélago del mismo nombre en Oceanía. Está constituido por dos islas volcánicas, Savaii y Upolu, y otras menores hasta un total de doce. En la isla de Upolu vivió Robert Louis STEVENSON, el autor de *La isla del tesoro*. Las islas fueron descubiertas por el marino holandés Jacob Rogeveen en 1722.

Los isleños cultivan cocoteros, bananas y árboles maderables. Samoa accedió a la independencia en 1962.

◄ Cada racimo de bananas suele tener de 70 a 100 frutos y requiere un clima muy húmedo y cálido para crecer. En Samoa, su producción es una de las más importantes.

SAN MARINO

YUGOSLAVIA

ITALIA

MAR ADRIÁTICO

SAN MARINO

Gobierno: República independiente
Capital: San Marino
Superficie: 61 km^2
Población: 23.000 hab.
Lengua: Italiano
Moneda: Lira italiana

San Marino

San Marino, en el noroeste de ITALIA es la más antigua y la más pequeña república independiente del mundo. La mayor parte de sus ingresos procede de sus frecuentes emisiones de sellos de correos. La agricultura, ganadería, explotación de canteras y la exportación de vino constituyen los fundamentos de su economía, junto con el turismo. La república está regida por dos «capitanes regentes» a los que se elige cada seis meses. Desde 1862 San Marino mantiene un tratado de amistad con Italia.

San Vicente y las Granadinas

Islas pertenecientes a las Pequeñas Antillas, en el Caribe. San Vicente es una isla volcánica cubierta de bosque. Las principales cosechas consisten en bananas, arrurruz y cocos. Es importante el turismo. Colón desembarcó en San Vicente en 1498. Gran Bretaña concedió la independencia a estas islas en 1979.

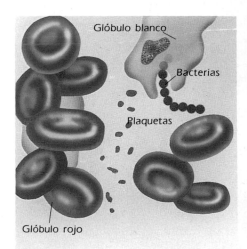

Glóbulo blanco

Bacterias

Plaquetas

Glóbulo rojo

Sangre

La sangre es el fluido que nutre nuestro cuerpo y arrastra los productos de desecho. Toma el alimento del sistema digestivo y OXÍGENO de los PULMONES, y los transporta a todas las CÉLULAS del cuerpo. Cada célula, a su vez, toma exactamente lo que necesita de la sangre, y ésta se lleva el desecho celular, incluidos agua y anhídrido carbónico.

▲ La sangre está constituida por glóbulos rojos y blancos. Los primeros transportan oxígeno a todas las partes del cuerpo. Los blancos combaten las bacterias dañinas. Las plaquetas contribuyen a la coagulación de la sangre en una herida, deteniendo la hemorragia y cerrando la herida para defenderla de las bacterias.

SANGRE

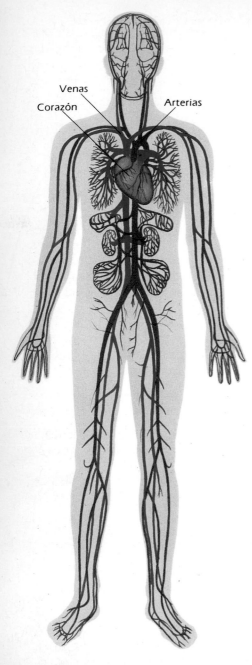

Venas
Corazón
Arterias

La sangre transporta asimismo cuerpos químicos específicos allá donde son necesarios, mata los gérmenes y mantiene el organismo a la temperatura adecuada.

La sangre se produce en la médula ósea. El cuerpo humano adulto contiene alrededor de cinco litros de sangre. Ésta se halla constituida por un líquido de tono pálido llamado *plasma* y por millones de células o *glóbulos*. Estos últimos son pequeños discos rojos que confieren su color a la sangre, la cual contiene también glóbulos blancos. Hay alrededor de 5 millones de glóbulos rojos y de 5.000 a 10.000 glóbulos blancos en cada milímetro cúbico de sangre.

Lucha contra la enfermedad

Los glóbulos blancos atacan a los gérmenes que penetran en el cuerpo, absorbiéndolos. A menudo, muchos glóbulos blancos mueren en la lucha contra la enfermedad o la infección. Un gran número de dichos glóbulos muertos se recoge como *pus*. Otras partículas de la sangre, llamadas *plaquetas*, ayudan a la coagulación cuando sangramos. O sea, que contribuyen a que los arañazos y otras heridas curen más rápidamente.

A todos nosotros puede clasificársenos en los grupos sanguíneos A, B, AB y O, según el tipo de sangre que tengamos. Estos grupos son importantes cuando a los pacientes se les somete a transfusiones, las cuales se practican para reemplazar la sangre enferma o para compensar la que se ha perdido como consecuencia de una herida. Generalmente, la sangre que se da a una persona pertenece al mismo tipo que el de ésta.

▲ El corazón bombea sangre a todo el cuerpo a través de un sistema de arterias, venas y capilares. En conjunto, suman unos 100.000 km en un adulto.

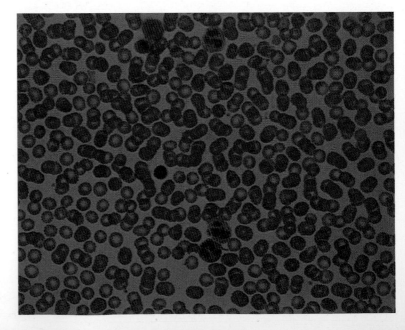

▶ Sangre humana, en la que son visibles los hematíes y los leucocitos.

Santa Lucía

Santa Lucía, en las Pequeñas Antillas, es una de las Islas de Barlovento. La población se dedica a la agricultura, cuyos principales productos son las bananas, el cacao y los cítricos. Gran Bretaña cedió Santa Lucía a Francia en 1814, y la isla alcanzó su independencia en 1979.

Santo

Los santos cristianos son personas que han sido *canonizadas* (nombradas santas) por la IGLESIA CATÓLICA ROMANA o la Ortodoxa Oriental. Cuando se hace santo a alguien, la Iglesia investiga su vida para comprobar su extremada bondad. El santo también puede haber tomado parte en un milagro.

SANTA LUCÍA

Gobierno: Democracia parlamentaria
Capital: Castries
Superficie: 616 km^2
Población: 120.000 hab.
Lenguas: Inglés, créole
Moneda: Dólar del Caribe oriental

◄ San Francisco de Asís (1182-1226) renunció a cuanto poseía para llevar una vida sencilla. La ilustración muestra *Las llagas de San Francisco* por El Greco, cuadro que se conserva en El Escorial, Madrid.

SANTO TOMÉ Y PRÍNCIPE

Gobierno: República
Capital: Santo Tomé
Superficie: 965 km^2
Población: 110.000 hab.
Lengua: Portugués
Moneda: Dobra

Santo Tomé y Príncipe

Estas islitas volcánicas se sitúan en el golfo de Guinea, frente a la costa de África occidental. Las descubrieron

El cacao representa el 90% de las exportaciones de Santo Tomé. Una parte considerable de la población procede de Angola y Mozambique, de donde fue trasladada para que trabajase en las plantaciones.

los portugueses en 1471, y su principal actividad fue el comercio de esclavos hasta que, en el siglo XIX, se introdujo el cultivo del café y del cacao. Las islas obtuvieron su independencia de Portugal en 1975.

Satélite

▶ El primer satélite artificial fue el *Sputnik 1*, lanzado por la URSS en 1957.

▶ Existen numerosos satélites de comunicaciones *Intelsat* situados sobre diferentes partes del mundo. Los satélites se envían señales unos a otros, así como a cientos de estaciones terrestres.

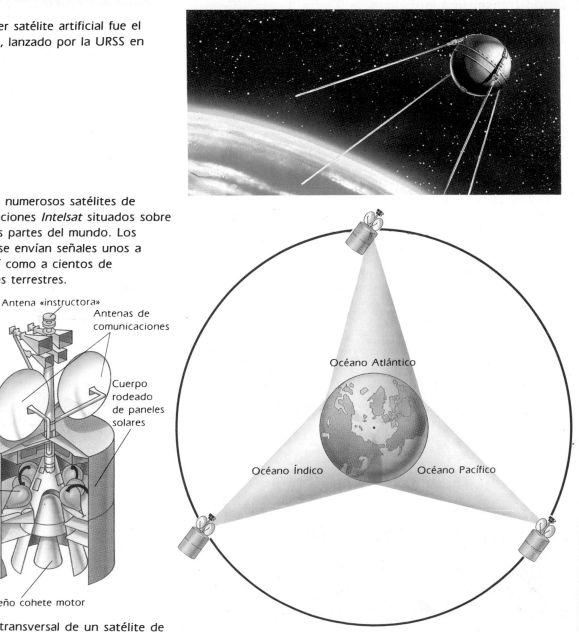

Antena «instructora»

Antenas de comunicaciones

Cuerpo rodeado de paneles solares

Gas para el sistema de control de posición

Pequeño cohete motor

▲ Corte transversal de un satélite de comunicaciones *Intelsat*. Su pequeño cohete motor se utiliza para fijar exactamente la posición del satélite tras su lanzamiento desde la Tierra. La energía eléctrica la suministran los paneles solares.

Océano Atlántico

Océano Índico

Océano Pacífico

Un cuerpo que se traslada describiendo una órbita en torno a otro cuerpo se llama satélite. La TIERRA y los demás PLANETAS son satélites del SOL. La LUNA es el satélite de la Tierra, pero ésta cuenta con muchos más satéli-

tes: los artificiales, lanzados mediante cohetes y coloca-
dos en órbitas fijas.

Los satélites meteorológicos disponen de cámaras que
envían imágenes de la formación de nubes y tormentas.
Los satélites de comunicaciones transmiten señales de televisión y telefónicas alrededor del mundo. Su radio y
demás equipos funcionan con baterías que se cargan con
los rayos solares. Los satélites reciben una señal de la estación transmisora situada en la Tierra, la amplifican y
la devuelven a otra estación terrestre, que puede estar a
miles de kilómetros de distancia.

El primer satélite artificial fue el *Sputnik 1*, lanzado
por la URSS en 1957.

> Los satélites más útiles son los
> de comunicaciones y los
> meteorológicos, la mayoría de
> los cuales se colocaron en
> órbitas *geostacionarias*. Esto
> significa que se hallan en una
> órbita fija a 36.000 km de
> altura, desde donde orbitan la
> Tierra exactamente en 24 horas.
> Por esta razón parecen
> permanecer quietos en el cielo,
> siempre sobre el mismo punto
> terrestre.

Saturno

Saturno es el segundo PLANETA en tamaño del SISTEMA
SOLAR, después de JÚPITER. Tiene unos 120.000 km de
diámetro, y es famoso por los anillos que lo circundan.
Estos anillos, constituidos por miles de millones de partículas de hielo, miden más de 272.000 km de diámetro, y
son muy delgados. Las partículas que los forman pueden
ser los restos de una luna que se acercó demasiado a Saturno y se fragmentó.

DATOS DE SATURNO

Distancia media del Sol: 1.430
  millones de km
Menor distancia de la Tierra: 1.289
  millones de km
Temperatura media (nubes): –190
  grados
Diámetro ecuatorial: 120.000 km
Diámetro de los anillos: 272.000 km
Atmósfera: hidrógeno, helio
Número de satélites: 17
Duración del día: 10 horas, 14 minutos
Duración del año: 29,5 años terrestres

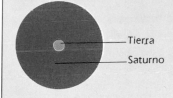

Tierra
Saturno

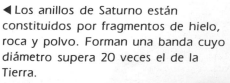

◄ Los anillos de Saturno están
constituidos por fragmentos de hielo,
roca y polvo. Forman una banda cuyo
diámetro supera 20 veces el de la
Tierra.

▲ Sir Walter Scott creció en la granja de su abuelo, situada en el límite de Inglaterra y Escocia. Esta región se convirtió luego en el escenario de muchas de sus novelas.

▼ Una vez los gusanos de seda han ingerido suficientes hojas de morera, empiezan a hilar sus capullos. Segregan un líquido, a través de un orificio situado en su mandíbula inferior, que se solidifica al contacto con el aire y se transforma en la fina fibra de seda. Los capullos se sumergen en agua caliente para obtener las finas fibras que luego se entrelazan.

A simple vista, Saturno semeja una estrella brillante, y es que en realidad está formado en su mayor parte por gases luminosos. Es menos denso que el agua, pero los científicos creen que puede tener un núcleo sólido. Posee 17 satélites, de los que el mayor es Titán, que mide unos 5.200 km de diámetro; por tanto, aventaja en tamaño a MERCURIO. Titán es el único satélite conocido que tiene atmósfera, pues está rodeado por una capa gaseosa.

Scott, Walter

Sir Walter Scott (1771-1832) fue uno de los escritores en lengua inglesa más populares. Nació en Edimburgo, Escocia. Se hizo abogado, pero le interesaban más la historia y el folklore escocés. Escribió varios poemas y numerosas novelas de aventuras históricas, entre ellas *Rob Roy* e *Ivanhoe*.

Seda

La seda es una fibra natural, hecha con el capullo de cierta clase de mariposa. Los gusanos de seda, que en realidad son orugas, se mantienen en unos recipientes especiales y se alimentan con hojas de morera por espacio de unas cuatro semanas. Transcurrido este tiempo, hilan sus capullos e inician su transformación en mariposas. Una vez muertas, se procede a deshilar los capullos, cada uno de los cuales da una fibra de 600 a 900 metros de longitud.

La seda se empezó a usar en Asia hace siglos, especialmente en China y Japón. El TEJIDO de la seda se inició en Europa en el siglo xv. Se trata de un material muy fino y suave, y se empleaba para las medias antes de que se inventara el nailon o la fibra sintética. La seda puede pre-

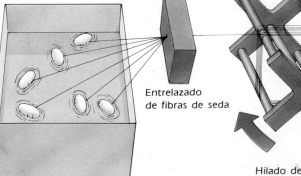

Capullos en agua caliente

Entrelazado de fibras de seda

Gusanos de seda alimentándose con una hoja

Capullo

Hilado de la fibra de seda en un bastidor

sentarse en otros tejidos, como el raso y el chiffon, y puede teñirse de hermosos colores.

Seguro

El seguro es un medio de salvaguardarse de pérdidas o daños. Una persona titular de una *póliza* de seguro paga una pequeña cantidad anual a una compañía de seguros, y si pierde o sufre daños en algo que haya asegurado previamente, la compañía le entrega dinero para reemplazarlo o para sufragar su reparación.

Sello

Un sello puede ser una marca especial o un papel impreso, con un reverso engomado. Un pasaporte y otras muchas clases de documentos deben llevar el sello estatal adecuado. Los sellos de correos se adhieren a las cartas y paquetes para ser enviados a la correspondiente oficina postal. Cada nación tiene sus propios sellos de correos, y muchas personas los coleccionan. Algunos son raros y valiosos. Un sello muy raro puede costar más que una casa.

La organización de seguros más famosa del mundo es Lloyd's de Londres. Se dice que algo que no se pueda asegurar en Lloyd's no puede asegurarse en ninguna otra parte. Dicha organización toma su nombre de un café que existía en el viejo Londres del siglo XVII, donde se reunían los aseguradores navales para concertar sus negocios.

En la sede de Lloyd's cuelga la famosa campana Lutine, salvada de un naufragio en 1837. Se toca una vez si hay buenas noticias, y dos si las noticias son malas.

Selva

Una selva es un bosque en la zona del ecuador, de clima tropical. Tiene muchos árboles muy altos, con lianas, que impiden que la luz llegue hasta el suelo. En la selva, que es muy húmeda, vive una gran variedad de especies de plantas y de animales.

▲ El clima tropical y húmedo de la selva permite la existencia de gran variedad de especies.

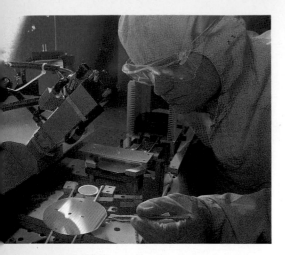

▲ Obleas de silicio, un semiconductor, dispuestas para ser cortadas en microchips.

Semiconductor

Algunos materiales permiten a la ELECTRICIDAD pasar a través de ellos fácilmente; son buenos *conductores*. La mayoría de dichos materiales son metales. Otros materiales, en cambio, no permiten que la electricidad pase a través de ellos; son *aislantes*. Los semiconductores son materiales como el silicio, el germanio o el arseniuro de galio, que ni son conductores ni aislantes. Añadiendo a los semiconductores pequeñas cantidades de otros elementos, pueden construirse importantes dispositivos electrónicos. Tales dispositivos –como los chips– pueden dejar pasar elevadas o reducidas cantidades de corriente eléctrica, bloquearla o permitir que fluya en una sola dirección. Los transistores están hechos con semiconductores.

▼ Una semilla de alubia tiene grandes y carnosos cotiledones, una radícula y una plúmula. La radícula crece hacia abajo, en el suelo, y luego aparece la plúmula, que crece hacia arriba. A la derecha, diversas formas de semillas.

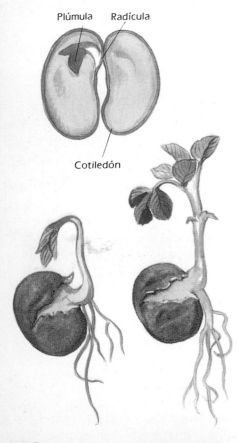

Plúmula   Radícula

Cotiledón

Semilla

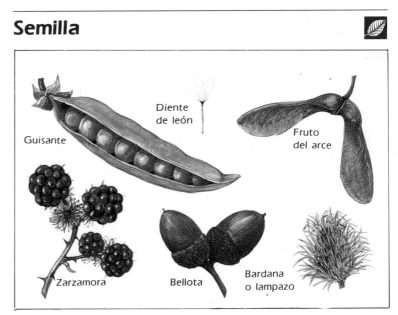

Guisante   Diente de león   Fruto del arce

Zarzamora   Bellota   Bardana o lampazo

Las semillas son la parte más importante de un vegetal, pues a partir de ellas nacen nuevos vegetales. Una semilla se forma cuando el polen alcanza la parte femenina de una FLOR. La nueva semilla crece en el interior de un FRUTO que la protege. Por ejemplo, en un grano de uva la parte carnosa es el fruto, y las pepitas, las semillas.

Las semillas deben esparcirse, a fin de que hallen un nuevo terreno en el que crecer; algunas son transportadas por el viento, otras son espinosas y se adhieren a la piel de los animales que pasan. Muchas semillas contienen el embrión vegetal y una pequeña cantidad de alimento. Cuando la semilla empieza a crecer, el incipiente vegetal se nutre de esa reserva hasta que posee raíces y puede procurarse su propio alimento.

Senegal

SENEGAL

Gobierno: República
Capital: Dakar
Superficie: 196.192 km²
Población: 6.980.000 hab.
Lengua: Francés
Moneda: Franco CFA

◄ Senegal es un país de grandes contrastes. El tipismo de las costumbres de sus habitantes convive, en las grandes ciudades, con modernas arquitecturas como las de la foto, del centro de la ciudad de Saint Louis.

Senegal se halla en la costa más occidental de ÁFRICA. La vecina Gambia tiene frontera por tres de sus lados con el Senegal. La principal producción y exportación del país son los cacahuetes. También se cultivan el mijo y el arroz. La pesca es asimismo importante.

Senegal fue la primera colonia francesa en África, y obtuvo su plena independencia en 1960. En 1982, Senegal y Gambia se unieron en una confederación defensiva y monetaria con el nombre de Senegambia.

Sentidos (ver Ojo, Oído, Olfato, Sabor y Tacto)

Ser humano

Aunque nuestro planeta, la TIERRA, tiene alrededor de tres mil millones de años, los restos humanos más antiguos que se conocen sólo tienen un millón de años. Los seres humanos pertenecen a la familia de los MAMÍFEROS,

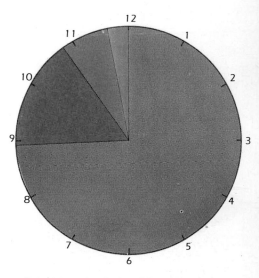

▲ Si la historia de la vida sobre la Tierra hasta hoy se condensara en doce horas, la existencia más primitiva en el mar habría comenzado antes de las nueve. La vida pasó a tierra firme a las once menos un minuto, y los mamíferos aparecieron dos minutos antes de las doce.

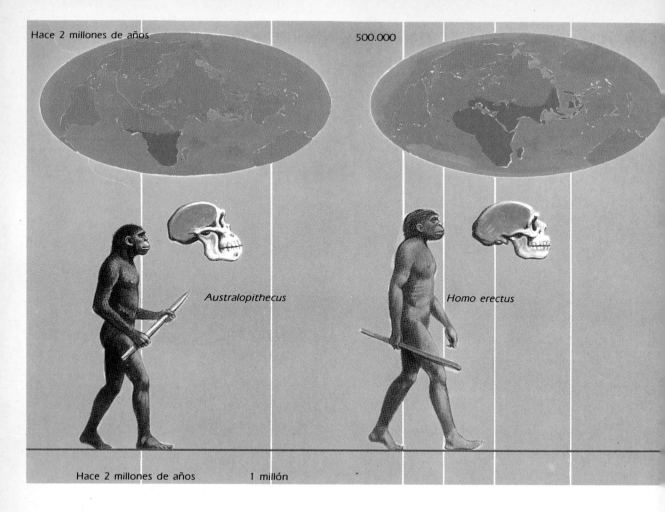

Hace 2 millones de años

500.000

Australopithecus

Homo erectus

Hace 2 millones de años   1 millón

▲ Nuestros antepasados de hace dos millones de años eran muy diferentes de nosotros, pero es que el mundo era también muy distinto. Se sucedieron una serie de épocas glaciales, o sea, que grandes glaciares cubrían gran parte del hemisferio Norte. Uno de los acontecimientos más importantes en el desarrollo del ser humano tuvo lugar hace alrededor de un millón de años, cuando nuestros antepasados empezaron a construir herramientas. En torno a 10.000 a.C., los hombres fueron comprendiendo cómo sembrar y obtener cosechas. Las áreas de color oscuro muestran las zonas donde los seres humanos vivieron en distintas épocas.

pero son inteligentes. Se asemejan mucho a sus parientes los monos. Tienen el mismo tipo de huesos, músculos y otras partes internas del cuerpo. Pero la diferencia principal entre las personas y cualquier otro animal radica en el cerebro, el cual, en el hombre, es enorme en comparación con el conjunto del cuerpo. Los seres humanos emplean el cerebro para razonar. Por esta razón el ser humano es el animal más evolucionado.

Casi todos los científicos están ahora de acuerdo en seguir la teoría de Charles Darwin, según la cual nuestros antepasados eran criaturas semejantes a monos que, lentamente, a lo largo de millones de años, evolucionaron (se transformaron) hasta convertirse en personas.

Hoy día, todas las personas pertenecen a la misma *especie*. Los seres humanos se dividen en tres RAZAS principales. Los *blancos* tienen la piel clara, como los habitantes de Europa y América, u oscura, como los de la India. El grupo *mongoloide* comprende a la mayoría de los pueblos de tez amarilla de Asia, más la población india americana. El grupo *negroide* está formado por los pueblos de piel negra de África y otras regiones.

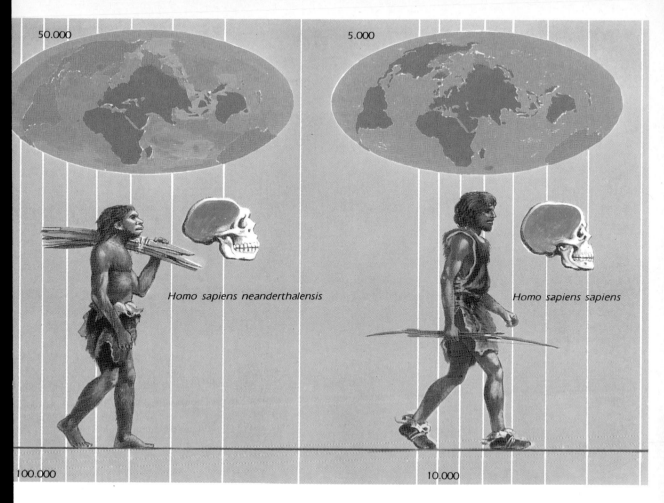

50.000

5.000

Homo sapiens neanderthalensis

Homo sapiens sapiens

100.000

10.000

Serpiente

Las serpientes son REPTILES. Son largas y delgadas y carecen de brazos y piernas. Avanzan reptando. Las serpientes tienen una piel seca y tersa. La mayoría viven en lugares cálidos. Las que habitan en climas más fríos pasan el invierno en HIBERNACIÓN.

Unas pocas serpientes poseen glándulas venenosas, e inyectan ese veneno a los animales a los que muerden. La serpiente de cascabel y la cobra son muy venenosas.

La mayoría de las serpientes nacen de huevos. Una hembra puede poner hasta diez huevos de una sola vez. Otras paren crías vivas. Las serpientes de mayor tamaño son la pitón y la anaconda, que pueden alcanzar los 10 metros de longitud.

▲ La serpiente coral presenta unos colores vivos que no son mera decoración: constituyen una advertencia a otras criaturas de que la serpiente es venenosa.

Setas

Las setas crecen en bosques, campos y en el césped, o sea, en casi todas partes donde se dan el calor y la hume-

661

Amanita
muscaria

dad en medida suficiente. Algunas setas son muy buenas para comer; otras son tan venenosas que las personas mueren después de ingerirlas. Las setas pertenecen al grupo vegetal llamado *fungus*. Carecen de materia colorante verde (CLOROFILA); a falta de ella, se nutren de materia en descomposición en el suelo o en otros vegetales.

Sexo (ver Reproducción)

Seychelles

Las islas Seychelles constituyen un pequeño país a unos 1.600 km de la costa africana, en el Océano Índico. Hay volcanes, playas de arena y plantaciones de cocoteros. El turismo es una actividad importante. Las islas fueron gobernadas por Gran Bretaña, pero obtuvieron su independencia en 1976. Los habitantes provienen de la mezcla de sus antepasados africanos y europeos.

Amanita faloide

▲ Aunque no todas, algunas setas venenosas pueden reconocerse por su aspecto sospechoso.

Shakespeare, William

William Shakespeare (1564-1616) es considerado por la mayoría de la gente como el más grande de los escritores ingleses. Debe su fama sobre todo a sus obras teatrales –unas 40–, que incluyen *El sueño de una noche de verano, Hamlet, Macbeth* y *Romeo y Julieta*.

Se sabe muy poco acerca de la vida de Shakespeare. Nació en Stratford-upon-Avon, y era hijo de un fabricante de guantes. A los 18 años se casó con Anne Hathaway, hija de un granjero, y tuvieron tres hijos. A la edad de 20 años abandonó Stratford y se trasladó a Londres, donde se convirtió en actor y dramaturgo. Al final de su vida regresó a Stratford. Las obras de Shakespeare se representan y estudian en todo el mundo, y muchas de las palabras y frases que hoy se usan en lengua inglesa fueron introducidas por Shakespeare.

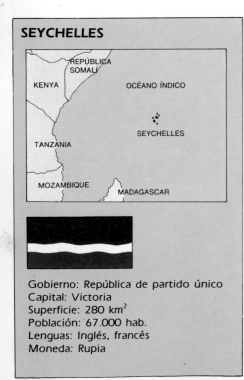

SEYCHELLES

REPÚBLICA
SOMALÍ

KENYA

OCÉANO ÍNDICO

SEYCHELLES

TANZANIA

MOZAMBIQUE

MADAGASCAR

Gobierno: República de partido único
Capital: Victoria
Superficie: 280 km²
Población: 67.000 hab.
Lenguas: Inglés, francés
Moneda: Rupia

Siberia

Siberia es una vasta región que cubre la mayor parte de la Rusia asiática, al este de los montes Urales. Es un país muy frío. A lo largo de la costa septentrional de Siberia se extiende la *tundra*, un semidesierto frío. Los bosques cubren alrededor de un tercio de los 15 millones de kiló-

◀ La amplia extensión ocupada por Siberia está muy subdesarrollada, y muchos animales gozan de un hábitat intacto. El lago Baikal alberga numerosas especies animales que no se encuentran en ningún otro lugar del mundo, incluida la única foca de agua dulce que existe.

metros cuadrados de Siberia. En las proximidades de la frontera mongola se extiende el lago Baikal, el mayor lago de agua dulce de Eurasia.

Durante algunos años, el gobierno soviético ha estimulado a los jóvenes para que se establecieran en Siberia, a fin de desarrollar la región.

Sierra Leona

Sierra Leona es un país situado en la costa occidental de ÁFRICA. Tiene una extensión algo menor que la comunidad de Castilla-La Mancha. El clima es cálido y húmedo. En torno a Freetown, la capital, se precipitan anualmente 3.800 mm de lluvia. La mayor parte de la población la componen agricultores que obtienen arroz, productos de la palmera de aceite, jengibre, café y cacao. También se explotan yacimientos de mineral de hierro, bauxita y diamantes.

Sierra Leona fue colonia británica. Se convirtió en Estado independiente en el seno de la COMMONWEALTH en 1961, y en república en 1971.

SIERRA LEONA

GUINEA BISSAU · MALÍ · GUINEA · SIERRA LEONA · COSTA DE MARFIL · LIBERIA · OCÉANO ATLÁNTICO

Gobierno: República
Capital: Freetown
Superficie: 71.740 km^2
Población: 3.985.000 hab.
Lengua: Inglés
Moneda: Leone

Siglo de Oro

Se llama Siglo de Oro español a un período de unos 100 años a caballo entre los siglos XVI y XVII en el que vivieron y trabajaron en España muchos excelentes artistas. Gracias a ellos, la cultura española brilló especialmente. Recordemos, por ejemplo, a Velázquez, El Greco, Zurbarán, Ribera y Murillo, todos ellos pintores; o a los arquitectos J. de Toledo, Herrera, Churriguera; y a los

En un ambiente de decadencia política, quiebra económica y tensiones sociales, las letras y las artes españolas, paradójicamente, encontraron su punto culminante en lo que se ha dado en llamar Siglo de Oro de la literatura española.

En su país, muchos sijs devotos llevan consigo una daga corta o *kirpan*. También acostumbran a llevar una ajorca, una peineta y pantalones cortos.

escultores Alonso Cano, Berruguete, Forment, Pedro de Mena, y entre muchos escritores a Lope de Vega, Tirso de Molina, Calderón de la Barca, Góngora, Quevedo, Gracián, Boscán y Cervantes. Todos estos artistas coincidieron en un siglo riquísimo en ideas, tendencias y estilos, que culminaría en el llamado Barroco español.

Sijs

Los sijs forman un pueblo que vive en el Punjab, en el norte de la India. Su religión la fundó un hombre piadoso llamado Nanak (1469-1539). Fue el primer *guru* (maestro) de los sijs. Las enseñanzas de los *gurus* se recogieron en el libro sagrado de los sijs el *Granth*, que se guardó en el Templo Dorado de Amritsar.

Los sijs eran un pueblo guerrero, que luchó contra los gobernantes musulmanes de la India y contra los británicos. Los sijs se caracterizan porque ni se afeitan ni se cortan el cabello, y llevan turbante. En total existen unos 14 millones de sijs.

▶ El Templo Dorado de Amritsar, en el Punjab, es sagrado para los sijs. Se edificó en 1579 en un terreno concedido por el emperador mogol Akbar.

▲ Una punta aguzada de sílex empleada como herramienta y un raspador, ambos fabricados por el hombre de Neanderthal hace unos 50.000 años.

Sílex

El sílex o pedernal es un MINERAL cristalino que constituye una de las formas del CUARZO. Se encuentra en yacimientos de calizas y areniscas. Un fragmento de sílex se presenta de color blanco grisáceo en el exterior y de gris brillante a negro en el interior.

El sílex es muy duro, pero puede ser fácilmente fragmentado en lascas puntiagudas. Las gentes de la EDAD DE

PIEDRA fabricaron herramientas y armas con sílex. Debido a que despide una chispa cuando se le golpea con hierro, puede emplearse para encender FUEGO. Una chispa procedente del sílex prendía la pólvora en las primitivas armas de fuego, llamadas por ello de chispa o de pedernal.

Sindicato

Los sindicatos son grupos formados por trabajadores. Su finalidad principal consiste en obtener mejores salarios para sus miembros. También reclaman menos horas de trabajo y mejores condiciones para desarrollar sus tareas. Algunos sindicatos protegen a sus miembros y a sus familias en épocas de dificultades. Si un sindicato mantiene un desacuerdo grave con un patrono, puede disponer que sus afiliados cesen en su trabajo. Esto se llama una *huelga*.

Los modernos sindicatos se formaron en los primeros días de la REVOLUCIÓN INDUSTRIAL. Gran Bretaña fue el primer país donde se legalizaron, en la década de 1870. Desde entonces, los sindicatos han incrementado gradualmente su poder. Hoy desempeñan un papel importante en los asuntos de muchos países.

▲ John L. Lewis fue un poderoso dirigente sindical estadounidense, y presidió durante 40 años el Sindicato de Mineros de América.

Singapur

Singapur es un pequeño país del SURESTE ASIÁTICO, frente al extremo meridional de la península de Malaya. Las tres cuartas partes de la población la forman chinos, pero viven allí gentes procedentes de todo el mundo.

La capital también se llama Singapur. Cuenta con uno de los puertos más activos del mundo, y comercia con numerosos países. Durante un breve período, Singapur formó parte de Malaysia, pero ahora posee gobierno propio. Es miembro de la COMMONWEALTH.

Sintoísmo

El sintoísmo es una religión japonesa. La palabra «Shinto» significa «la vía de los dioses». A diferencia de otras religiones, el sintoísmo no enseña la existencia de un ser supremo; afirma que hay una verdad eterna llamada *kami*. Kami se halla en toda forma natural y en los ríos, montes y lagos. En todo el Japón hay santuarios, grandes o pequeños, dedicados a los diferentes kami.

SINGAPUR

Gobierno: Democracia parlamentaria
Capital: Singapur
Superficie: 581 km^2
Población: 2.600.000 hab.
Lenguas: Chino, malayo, tamil, inglés
Moneda: Dólar de Singapur

665

▲ En las leyendas las sirenas atraían a menudo los barcos hacia las rocas. Ver una sirena era presagio de desastre.

Sirena

Las sirenas son criaturas legendarias. Abundan las viejas historias sobre ellas. Tienen el cabello largo, la cabeza y el tronco de mujer, pero su parte inferior consiste en una larga y escamosa cola de pez. Viven en el mar.

En los relatos, las sirenas se sentaban en las rocas y a menudo cantaban dulcemente. Los marineros que navegaban por las proximidades escuchaban sus encantadores cantos y se sentían, inevitablemente, atraídos por ellos, tratando de dirigirse hacia el lugar de donde provenían, con lo que acaban por estrellar sus barcos contra las rocas.

Siria

Este país árabe se encuentra a orillas del Mediterráneo oriental. Buena parte de Siria está constituida por llanuras secas que son calurosas en verano y muy frías en invierno. Los nómadas conducen rebaños de ovejas y cabras a través de las tierras áridas, y los agricultores producen cereales, uva y albaricoques en las zonas donde los ríos o la lluvia suministran agua.

La mayor parte de las ciudades sirias se desarrollaron a lo largo de las rutas empleadas desde antiguo para importar artículos de Oriente. En 1516, Siria fue conquistada por los turcos, que la gobernaron durante 400 años. Tras la I Guerra Mundial, los franceses tomaron posesión del país en nombre de la Liga de Naciones. Siria obtuvo su independencia en 1943, y mantiene estrechos lazos con Libia y con la URSS.

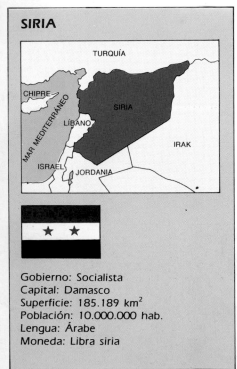

Gobierno: Socialista
Capital: Damasco
Superficie: 185.189 km²
Población: 10.000.000 hab.
Lengua: Árabe
Moneda: Libra siria

Sistema binario

El sistema binario es un sistema numérico que emplea sólo dos dígitos: 0 y 1. Nuestro cotidiano *sistema decimal* utiliza diez números: del 0 al 9. En el sistema decimal, multiplicas un número por 10 desplazándolo un lugar hacia la izquierda: 2, 20, 200, etc. En el sistema binario, cuando desplazas un lugar un número hacia la izquierda multiplicas su valor por dos. Uno por uno da uno. Desplázalo un lugar hacia la izquierda y se convierte en una vez 2, o sea, 2: se escribe 10. Desplázalo otro lugar hacia la izquierda y se convierte en una vez 2 veces 2, o sea, 4: se escribe 100. La representación binaria de 93 es 1011101: un 1. ningún 2, un 4, un 8, un 16, ningún 32 y un 64.

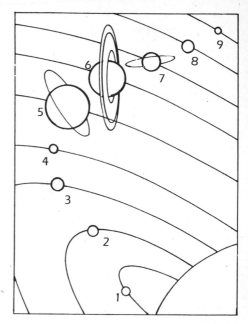

Sistema métrico

El sistema métrico se emplea para medir el peso, la longitud y el volumen. Se basa en unidades de diez o decimales. Se empleó por vez primera en Francia a fines del siglo XVIII. Ahora se usa en la mayor parte del mundo. Para más información ver PESOS Y MEDIDAS.

Sistema Solar

El Sistema Solar está formado por el SOL y los planetas que giran a su alrededor. Mercurio es el más próximo al Sol, y a continuación se sitúan Venus, la Tierra, Marte, Júpiter, Saturno, Urano, Neptuno y Plutón. Hasta el siglo XVI la gente creía que la Tierra era el centro del universo, y que el Sol y los planetas giraban en torno a ella. En 1543, Nicolás COPÉRNICO descubrió que, en realidad, era la Tierra la que se movía alrededor del Sol.

▲ Vista en comparación con el Sol y con los cuatro planetas «gigantes», la Tierra parece muy pequeña. Los nueve planetas de nuestro sistema solar son:
1 Mercurio
2 Venus
3 La Tierra
4 Marte
5 Júpiter
6 Saturno
7 Urano
8 Neptuno
9 Plutón

La masa del Sol es unas 750 veces mayor que la masa total de todos los demás cuerpos celestes que componen el sistema, debido a lo cual el Sol ejerce sobre ellos su poder de atracción.

SOL

▶ Compara lo pequeña
que es la Tierra al lado
del Sol si ambos son
dibujados a la misma escala.
El Sol es mayor que un
millón de Tierras juntas.

Núcleo de helio

Capa de hidrógeno

Fotosfera

Tierra

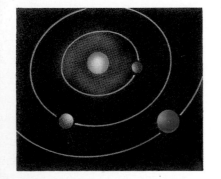

▲ El Sol existe desde hace unos
4.600 millones de años: el
tiempo que tiene la vida en la
Tierra.

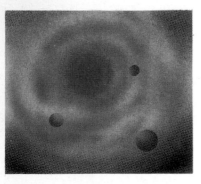

▲ Dentro de 5.000 millones de
años, el Sol será un gran gigante.

▲ En otros 5.000 millones de
años, llegará a palidecer.

Sol

El Sol no es más que una entre los muchos millones de ES-
TRELLAS de la VÍA LÁCTEA, pero es el centro del SISTEMA
SOLAR. LOS PLANETAS y sus respectivos satélites giran en
torno a él. El calor y la luz emitidos por el Sol permiten a
los vegetales y a los animales vivir en el planeta que llamamos la TIERRA.

El Sol parece pequeño porque está muy lejos: una nave
espacial que tardara una hora en circundar la Tierra ne-
cesitaría cinco meses para llegar al Sol. Éste es tan grande
que en él cabría un millón de Tierras y aún quedaría sitio
libre. Un cubo lleno de la materia que constituye el Sol
pesaría mucho menos que la misma cantidad de roca terrestre. Pero todo el Sol pesaría más de 750 veces lo que
todos los planetas juntos.

El Sol es una bola brillante compuesta por gases. En
medio del Sol, un proceso llamado fusión nuclear transforma el gas HIDRÓGENO en el gas helio. El Sol expande su
energía en todas direcciones en forma de *ondas electro-
magnéticas.* Algunas de éstas nos proporcionan CALOR y
LUZ, pero también hay ondas de radio, rayos ultraviole-
tas, rayos X y otros.

El Sol se formó a partir de una masa de gas y polvo,
hace cinco mil millones de años. Encierra suficiente
«combustible» para seguir brillando otros cinco mil millones de años.

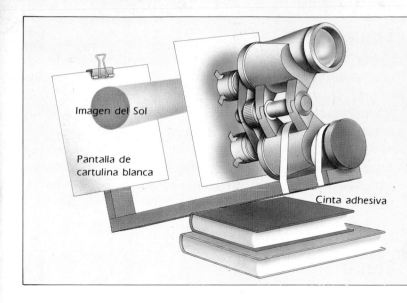

Se trata de una manera inofensiva de estudiar el Sol. Fija una hoja de cartulina blanca en un bastidor de madera en forma de L. Coloca en él un par de prismáticos, de tal manera que los oculares se hallen a unos 30 cm de la cartulina. Desplaza los prismáticos hasta que en la cartulina aparezcan imágenes del Sol. Enfoca los prismáticos a fin de obtener una imagen definida. Ahora, fija otra cartulina sobre los oculares, después de practicar en ella sendos orificios que coincidan con los oculares. Cubre una de las lentes. Entonces lograrás sobre la cartulina una imagen única, neta y regular del Sol.

Soldadura

La soldadura es un procedimiento por el cual se unen metales entre sí mediante el calor. Los bordes de dos trozos de metal se calientan hasta que se funden y se juntan. Cuando se enfrían, se han convertido en un solo trozo. Una unión efectuada con soldadura es extremadamente fuerte.

Los soldadores funcionan con gas o con electricidad. En la soldadura con gas, una llama muy caliente que brota de una antorcha de gas, funde el metal. En los soldadores eléctricos, una CORRIENTE ELÉCTRICA de una varilla soldadora, compuesta por una pequeña masa de cobre, se aplica a los metales y los funde. Los procedimientos de soldadura tiene una gran importancia industrial.

▼ En la soldadura de oxiacetileno, el gas acetileno entra en combustión para producir en la antorcha una llama muy caliente. Se añade oxígeno para aumentar aún más la temperatura de la llama. Los soldadores eléctricos emplean una elevada corriente eléctrica para soldar entre sí dos trozos de metal en el punto de contacto, y juntarlos. Los operarios soldadores deben protegerse los ojos del calor y de la luz brillante, colocándose gafas oscuras o caretas.

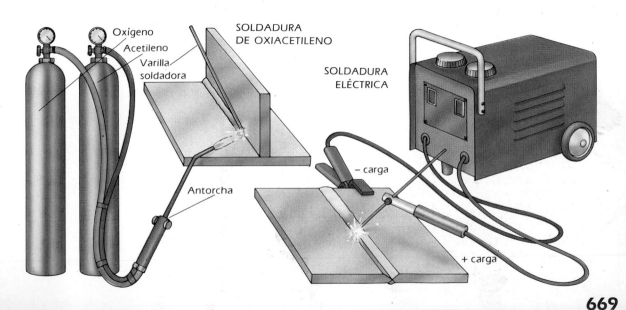

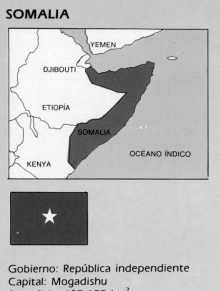

SOMALIA

YEMEN
DJIBOUTI
ETIOPÍA
SOMALIA
KENYA
OCÉANO ÍNDICO

Gobierno: República independiente
Capital: Mogadishu
Superficie: 637.657 km²
Población: 7.820.000 hab.
Lenguas: Somalí, árabe
Moneda: Chelín somalí

Somalia

Somalia es un país situado en la región llamada «el cuerno de África», o sea, la parte más oriental de ese continente, que se adentra en el Océano Índico. Se trata de un país pobre, cuya población está mayoritariamente constituida por nómadas. A causa de la escasez de lluvias, la agricultura sólo es posible a orillas de los ríos Shabelle y Juba. Las principales producciones son azúcar, bananas, sorgo e incienso. En los últimos años, el país se ha visto azotado por la guerra y la sequía.

Sonar

En los barcos se usa para determinar a qué profundidad se halla algo situado bajo el agua. Puede medir la profundidad del fondo marino y asimismo localiza bancos de peces y submarinos. Funciona igual que el RADAR, pero emplea señales ACÚSTICAS en lugar de señales de radio.

La instalación de sonar en un barco transforma las señales eléctricas en pulsaciones sonoras. Éstas viajan en sentido descendente a través del agua. Cualquier objeto sumergido alcanzado por las pulsaciones sonoras devuelve un ECO. El equipo de sonar convierte de nuevo los ecos en señales eléctricas y mide el tiempo transcurrido. Este último indica a qué profundidad se halla sumergido el objeto. Dicha profundidad se muestra en una pantalla.

▶ Sonar son las siglas de «*sound navigation and ranging*», y puede utilizarse para cartografiar el fondo del mar. Las pulsaciones sonoras son producidas por una sonda de eco fijada bajo el buque. Aquéllas se reflejan y quedan registradas como un trazo en una pantalla.

Algunas personas afirman que los sondeos de opinión pueden ser poco fiables. En las encuestas sobre intención de voto, por ejemplo, muchos desean alinearse con los vencedores, y desvían sus votos hacia el candidato que las encuestas dan como ganador. En efecto, minuciosos estudios han demostrado la existencia de este efecto de «seguir la corriente».

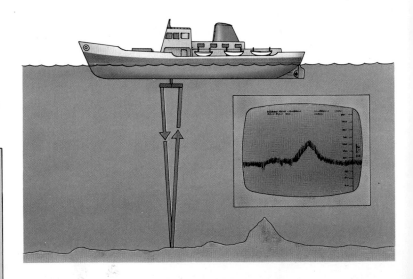

Sondeo de opinión pública

Los partidos políticos y los industriales desean conocer qué opina el público, respectivamente, de su política o de

Experiméntalo

Tú puedes realizar tu propio sondeo de opinión. Decide qué pregunta quieres formular, y a continuación escoge tu grupo de muestra. Pueden ser tus compañeros de clase o, mejor aún, los de tu mismo ciclo. No tienes que anotar los nombres; sólo sus contestaciones, o si están indecisos o si se trata de un chico o una chica. Si quieres profundizar más, puedes dividirlos en clases.

PREGUNTA: ¿Prefieres los helados de vainilla o los de chocolate?

MUESTRA TOTAL		CHICOS		CHICAS	
Vainilla	40	Vainilla	18	Vainilla	22
Chocolate	50	Chocolate	28	Chocolate	22
Indecisos	10	Indecisos	4	Indecisos	6
Total encuestado	100	Total encuestado	50	Total encuestado	50

Resultados:

De acuerdo con este sondeo, el 50% de la muestra de alumnos prefiere los helados de chocolate, y el 40% los prefiere de vainilla. Sin embargo, el 56% de los chicos opta por el chocolate, y sólo el 36% por la vainilla. Las chicas están igualmente divididas entre ambos. ¿Qué crees que ocurriría si toda la escuela fuera encuestada y dividida en dos grupos de edad: los de más y los de menos de 12 años.

los artículos que fabrican. Unos y otros encargan a empresas especializadas la realización de un sondeo de opinión, esto es, la formulación de preguntas y el análisis de las respuestas. Como resultaría imposible preguntar a todos y en todas partes, se escoge cuidadosamente un grupo de personas, llamado *muestra*, como representativo de un grupo más numeroso. La muestra puede ser tan sólo del 1% de un grupo mayor, pero puede estar constituida por la misma clase de personas. Por ejemplo, si el 20% del grupo se halla por debajo de los 18 años de edad, el 20% de la muestra debe también contar menos de 18 años.

Las preguntas puede hacerlas un entrevistador especializado o bien estar impresas en un *cuestionario*. Las respuestas son analizadas y estudiadas a continuación; finalmente, los resultados acabarán por reflejar las opiniones del grupo más numeroso.

▼ Las ondas sonoras viajan hacia fuera a partir de la fuente sonora, como las ondas en un estanque. Producen vibraciones en el aire, y cuando llegan a tu oído, tu tímpano también vibra, por lo que puedes captar el sonido.

Sonido

El sonido se produce por la vibración de los objetos, los cuales emiten ondas sonoras a través del aire. Cuando esas vibraciones, que se propagan por el aire en todas direcciones, alcanzan la membrana de nuestros oídos, las percibimos como sonidos.

El sonido viaja por el aire a unos 334 metros por segundo. Es, por ejemplo, lo bastante lento como para permitirnos ver una explosión a lo lejos antes de oírla. En efecto, el sonido necesita tiempo para llegar hasta donde estamos.

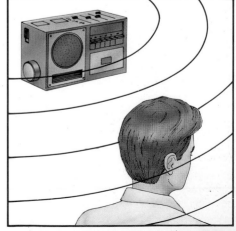

Experiméntalo

Puedes producir sonido golpeando botellas que contengan agua. Alinea las botellas, deja la primera casi vacía, y vierte distintas cantidades de agua en las otras tres. Golpea las cuatro botellas con una cuchara, una tras otra. Esto hará vibrar el aire del interior de cada botella, y producirá un sonido. Como quedan distintas cantidades de aire en cada una, producirán sonidos diferentes.

▶ La frecuencia de las ondas sonoras determina que los sonidos sean altos o bajos. Los primeros producen ondas muy juntas. Las ondas de los sonidos bajos, en cambio, son espaciadas.

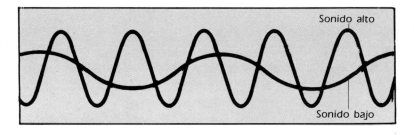

Sonido alto

Sonido bajo

La velocidad de las vibraciones marca la diferencia de las clases de sonidos que oímos. Si las vibraciones son muy rápidas, se dice que tienen «alta frecuencia», y el sonido que percibimos es elevado. Si las vibraciones son lentas o de «baja frecuencia», el sonido nos llega bajo.

Sordera

Hay muchas clases de sordera, esto es, de pérdida de la audición. Todos perdemos algo de oído conforme nos hacemos mayores, pero algunas personas son sordas de nacimiento, otras se vuelven sordas durante la niñez, y otras, más adelante como consecuencia de una enfermedad o un accidente. Los sordos tienen muchas maneras de comunicarse. A veces, les resulta difícil emplear su voz, si nunca han oído hablar, y entonces pueden recurrir a un lenguaje de signos, expresándose más con las manos y con el cuerpo que con la voz.

▲ Hoy en día se emplean dispositivos electrónicos en la enseñanza de los niños sordos.

Sri Lanka

Sri Lanka es un país insular situado frente al extremo meridional de la INDIA. Antes se llamaba Ceylán. La isla se encuentra cerca del ecuador, por lo que su clima es tropical. La mayor parte de los árboles y arbustos tropicales han sido arrancados a fin de conseguir tierra cultivable, pero aún quedan bambúes y palmeras. En las regiones más salvajes viven animales como elefantes, leopardos, serpientes y pájaros de vivo colorido. La producción de Sri Lanka incluye el té, caucho y cocos.

Alrededor de la mitad de Sri Lanka está compuesta por cingaleses, cuyo origen está en la India. Colombo, la capital, es también la mayor ciudad de Sri Lanka.

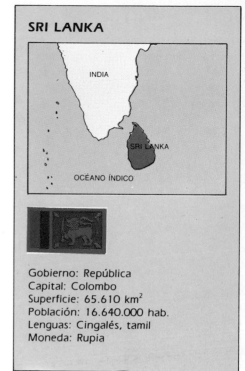

SRI LANKA

INDIA

SRI LANKA

OCÉANO ÍNDICO

Gobierno: República
Capital: Colombo
Superficie: 65.610 km^2
Población: 16.640.000 hab.
Lenguas: Cingalés, tamil
Moneda: Rupia

Stalin, Iósiv Vissariónovich

Iósiv Vissariónovich Stalin (1879-1953) gobernó la URSS desde 1929 hasta 1953. Tras la muerte de LENIN, Stalin convirtió la Unión Soviética en una de las naciones más poderosas del mundo. Dio muerte o encarceló a millones de rusos que le disgustaban o que no se mostraban de acuerdo con su versión del COMUNISMO. El nombre de Stalin significa en ruso «hombre de acero».

◀ La *Plaza Roja* de Moscú ha sido escenario de los grandes acontecimientos históricos de Rusia. Durante el gobierno de Stalin, fue residencia de sus funcionarios soviéticos.

Stevenson, Robert Louis

Robert Louis Stevenson (1850-1894) fue un autor escocés de relatos de aventuras, como *La isla del tesoro*, una emocionante narración acerca de la búsqueda del tesoro de unos piratas. *Raptados* es otra aventura que se desarrolla en las regiones salvajes de Escocia en el siglo XVIII. Stevenson describió asimismo sus propios viajes, y escribió *Jardín de versos infantiles*, una colección de sencillos poemas especialmente dirigidos a los niños.

▲ Robert Louis Stevenson se estableció con su familia en la isla de Samoa, en los Mares del Sur, donde murió en 1894.

STONEHENGE

▼ Los arqueólogos aseguran que algunas de las grandes piedras que forman Stonehenge fueron transportadas desde un lugar situado a más de 400 km de distancia. Esta tarea pudo llevar años a nuestros antepasados.

Stonehenge

Stonehenge es un gran templo prehistórico que se levanta en la llanura de Salisbury, en el sur de Inglaterra. La parte principal consiste en un amplio círculo de piedras puestas en pie. Cada una supera el doble de la estatura de un hombre y pesa casi 30 toneladas. Se dispusieron también piedras planas en lo alto de las verticales, para formar un anillo. En el interior de ese anillo se alzan piedras de menor tamaño, así como un gran bloque, que pudo haber sido un altar. Las piedras grandes se colocaron hace 3.500 años. Otras partes del conjunto son aún más antiguas.

Submarino

Los submarinos son barcos que pueden navegar bajo el agua. Para sumergirse, la tripulación de un submarino hace que éste se vuelva más pesado que la cantidad de agua necesaria para llenar el espacio ocupado por el submarino. Para emerger, la tripulación hace que el submarino sea más ligero que esa cantidad de agua. Cuando agua y submarino pesan lo mismo, el buque permanece al mismo nivel bajo la superficie.

En 1620, se realizó la primera navegación en un submarino de madera y cuero bajo las aguas del río Támesis, pero el primer submarino que funcionó satisfactoriamente se construyó en la década de 1770. Estos dos submarinos se construyeron a mano, eran lentos y su fuerza

▲ Uno de los primeros submarinos, el *Turtle*, estaba impulsado por una hélice manual, y en él cabía una sola persona. En 1776 fue empleado en el primer ataque submarino.

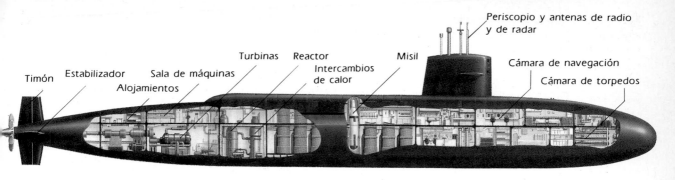

Timón · Estabilizador · Alojamientos · Sala de máquinas · Turbinas · Reactor · Intercambios de calor · Misil · Periscopio y antenas de radio y de radar · Cámara de navegación · Cámara de torpedos

motriz era escasa. El español Narciso Monturiol ideó, en 1859, la construcción de un barco submarino al que llamó *Ictíneo*, pero su contribución científica no obtuvo la debida resonancia. En la década de 1870, un clérigo inglés inventó un submarino impulsado por una máquina de vapor, pero cada vez que se sumergía, la tripulación tenía que abatir la chimenea y apagar el fuego que calentaba el agua destinada a producir vapor.

En 1900, el inventor norteamericano John P. Holland consiguió un buque submarino mucho más perfeccionado. Lo impulsaban motores de petróleo en superficie, pero el petróleo necesitaba aire para entrar en combustión, por lo que bajo el agua la energía provenía de motores alimentados por acumuladores, que no precisan aire.

En 1955 se botó el primer submarino de propulsión nuclear. Estos navíos pueden viajar alrededor del mundo sin tener que emerger. En 1958, el submarino nuclear *Nautilus*, de la Armada de los Estados Unidos, efectuó la primera travesía bajo el Polo Norte. Estos sumergibles van armados con misiles nucleares que pueden alcanzar objetivos enemigos a miles de kilómetros de distancia.

▲ Este corte vertical de un submarino nuclear muestra cómo una gran parte de su interior está ocupada por el reactor nuclear y las turbinas que lo gobiernan. Los alojamientos de la tripulación y el área de operaciones ocupan relativamente poco espacio.

▲ El *Deepstar IV*, uno de los ingenios submarinos de menor tamaño, puede operar a profundidades superiores a los 1.200 metros.

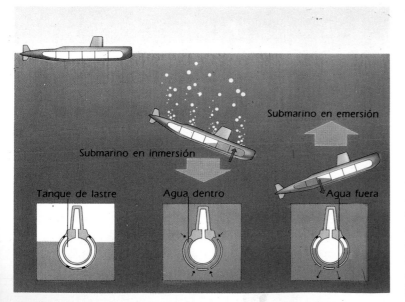

Submarino en emersión

Submarino en inmersión

Tanque de lastre · Agua dentro · Agua fuera

◄ Un submarino puede flotar cuando sus tanques de lastre están llenos de aire. Si se bombea agua en el interior de los tanques y se extrae el aire, el submarino comienza a hundirse. Para regresar a la superficie, se bombea aire comprimido en los tanques de lastre, forzándolos a vaciarse de agua.

SUDÁN

Gobierno: República
Capital: Jartum
Superficie: 2.505.813 km^2
Población: 22.930.000 hab.
Lengua: Árabe
Moneda: Libra sudanesa

▶ Miembros de la tribu dinka en un mercado de ganado vacuno en Wafu, Sudán. El tradicional modo de vida de muchas tribus está siendo amenazado por la sequía, tanto en Sudán como en otras partes de África.

SUECIA

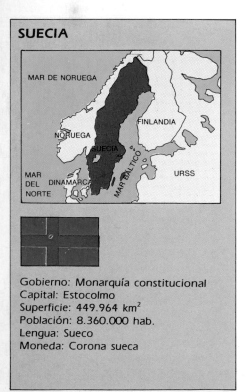

Gobierno: Monarquía constitucional
Capital: Estocolmo
Superficie: 449.964 km^2
Población: 8.360.000 hab.
Lengua: Sueco
Moneda: Corona sueca

Sudán

Es la nación más extensa de ÁFRICA. Tiene casi cinco veces el tamaño de España.

Sudán es el país más caluroso del noreste de África. El desierto ocupa la parte septentrional, por el centro se extienden regiones de llanuras cubiertas de hierba, y en el sur hay bosques y una vasta zona pantanosa.

La población de Sudán está compuesta por habitantes de raza negra y árabe. La mayoría vive en las proximidades del NILO, que fluye a través del país en dirección norte. Los sudaneses crían ganado vacuno, cultivan caña de azúcar o trabajan en las ciudades. Jartum es la capital.

Suecia

Suecia es la cuarta nación más extensa de EUROPA. El país se halla en el norte, entre Noruega y el mar Báltico. El oeste es predominantemente montañoso, y los bosques cubren más de la mitad del territorio. Sus CONÍFERAS proporcionan mucha de la madera blanda que se consume en el mundo. En Suecia, la mayor parte de la electricidad proviene de los ríos que fluyen desde las montañas. Los granjeros producen leche, carne, cereales y remolacha azucarera en explotaciones situadas cerca de la costa. El norte resulta demasiado frío para la agricultura, pero posee ricas minas de hierro.

La mayoría de los ocho millones de suecos vive en el sur, donde está situada la capital, Estocolmo, ciudad que por su sorprendente belleza arquitectónica ha merecido el nombre de «la Venecia del Norte». Otras ciudades importantes son Göteborg y Malmö.

Sueño

Los sueños se producen cuando nuestros cerebros permanecen activos mientras dormimos. Algunos sueños reflejan sucesos de la vida diaria, en tanto otros no pasan de una serie de imágenes desordenadas. Al despertar, podemos recordar o no lo que hemos soñado. Un sueño angustioso se llama pesadilla.

No sabemos exactamente por qué las personas sueñan. Los sueños puede desencadenarlos una indigestión o alguna causa física similar, como la mala postura al dormir. También los ruidos externos pueden ser causa de que soñemos. Algunos sueños son muy comunes, como los de caída o persecución, o los relacionados con lagos o agua.

Suiza

Este pequeño y montañoso país se encuentra en la EUROPA centromeridional. La mayor parte del sur de Suiza lo ocupan las cumbres abruptas y nevadas de los ALPES y valles escarpados. En verano, los turistas recogen flores silvestres y observan a las vacas lecheras pastar en los prados de montaña. Los visitantes invernales de las numerosas estaciones de esquí se deslizan por las nevadas vertientes alpinas.

La mayor parte de las zonas agrícolas se localizan donde las montañas se encuentran con las tierras de la Llanura Suiza. Allí se levantan casi todas las ciudades del país, entre ellas Berna, la capital. Las fábricas suizas producen materias químicas, maquinaria, relojes y chocolate.

La mayoría de los seis millones y medio de suizos hablan alemán, francés o italiano. Este pueblo se cuenta entre los más prósperos del mundo.

Suma

Cuando reunimos varias cosas para saber cuántas hay, estamos sumando. No importa en qué orden procedamos; en otras palabras: $4 + 3$ es lo mismo que $3 + 4$.

Superconductores

Algunos materiales permiten que la ELECTRICIDAD fluya a través de ellos con más facilidad que otros. Los buenos

SUIZA

Gobierno: Estado federal
Capital: Berna
Superficie: 41.288 km^2
Población: 6.470.000 hab.
Lenguas: Alemán, francés, italiano
Moneda: Franco suizo

Los antiguos griegos se interesaban mucho por los números. Hace más de 2.000 años, descubrieron ciertos números extraños a los que llamaron «perfectos». El primer número perfecto es el 6. Los números 1, 2 y 3 son los únicos que dividen exactamente el 6. Si sumas 1, 2 y 3, ¿qué resultado obtienes? El siguiente número perfecto es el 28. Sólo los números 1, 2, 4, 7 y 14 dividen exactamente el 28. Y sumados entre sí dan 28. El siguiente número perfecto es 496. ¡Y ahora los ordenadores pueden hallar tantos números perfectos como para llenar esta página!

Si los científicos tuvieran éxito y encontraran sustancias superconductoras a la temperatura ordinaria del aire, sería posible producir electroimanes que generaran amplios campos magnéticos sin pérdida de energía. Podrían emplearse para trenes de alta velocidad, que se mantendrían suspendidos sobre los raíles por efecto de poderosos imanes. Pero el uso más importante de los superconductores es su eficacia en plantas generadoras de energía.

conductores, como el cobre y la plata, presentan escasa resistencia a una corriente eléctrica, pero ofrecen alguna. La electricidad forzada a atravesarlos los calienta. Pero en 1911 se descubrió que el metal llamado mercurio pierde toda su resistencia eléctrica si se enfría en torno a –270 °C. O sea, muy, muy frío. Se convertía así en un superconductor, pero resultaba muy caro y era difícil conseguir una temperatura tan baja.

En 1987, los científicos empezaron a experimentar con nuevos materiales. Hallaron que ciertas mezclas (a base de arcilla) podían convertirse en superconductores a temperaturas más elevadas, como –170 °C, todavía muy frías pero más fáciles de lograr. Ahora se ha iniciado la carrera en pos de materiales que sean superconductores a temperatura ambiente. Si se logra hallarlos, toda la industria electrónica cambiará. Los ordenadores serán más pequeños y rápidos, y máquinas tales como los *scanners* médicos resultarán mucho más baratas de fabricar y de hacer funcionar.

Suráfrica, República de

La mayor parte de Suráfrica es una meseta, una región elevada con colinas onduladas. Siguiendo la costa se extiende una llanura estrecha. El clima es cálido y seco.

Suráfrica es un país rico. Las fábricas producen una amplia variedad de artículos. De las minas se extrae oro, diamantes, uranio, cobre, hierro y otros minerales. La agricultura da grandes cantidades de maíz, trigo y fruta, y miles de ovejas pastan en sus amplios prados.

En Suráfrica viven poco más de 30 millones de personas. Casi las tres cuartas partes son negros, y los blancos no llegan a los cinco millones, pero éstos, que descienden en su mayor parte de los colonos holandeses y británicos, controlan el gobierno y las finanzas del país. Desde la década de 1940, Suráfrica ha mantenido una política de *apartheid* o DISCRIMINACIÓN. Esto significa que los blancos y los no bancos viven separadamente. Las protestas de los negros contra este sistema se han ido incrementando a lo largo de los últimos años. Hoy en día, la mayor parte de las naciones del mundo consideran que el *apartheid* debe terminar.

REPÚBLICA DE SURÁFRICA

Gobierno: Parlamento tricameral
Capitales: Ciudad del Cabo (legislativa), Pretoria (administrativa), Bloemfontein (judicial)
Superficie: 1.221.037 km^2
Población: 33.240.000 hab.
Lenguas: Afrikaans, inglés
Moneda: Rand

Surinam

Surinam es un pequeño país situado en la costa centro-septentrional del Suramérica. Viven en él gentes de muchas razas, dedicadas en las llanuras costeras al cultivo de arroz, bananas, cacao, azúcar y fruta. La principal producción de Surinam es la bauxita, de la que se obtiene aluminio.

Surinam se convirtió en una posesión holandesa en 1667, cuando Gran Bretaña la cedió a cambio de la colonia holandesa de Nueva Amsterdam (hoy Nueva York). Surinam alcanzó la independencia en 1975.

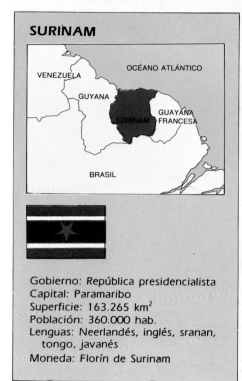

SURINAM

Gobierno: República presidencialista
Capital: Paramaribo
Superficie: 163.265 km²
Población: 360.000 hab.
Lenguas: Neerlandés, inglés, sranan, tongo, javanés
Moneda: Florín de Surinam

Sustantivo

Es una palabra que sirve para designar un ser, una cosa o un grupo de seres o de cosas. Ejemplo: nombre de personas (Juan); nombre de lugar (China); nombre de cosa (libro). Atendiendo a su extensión, el sustantivo se divide en *genérico* (cuando puede aplicarse a todas las personas, animales o cosas de la misma especie. Por ejemplo, *hombre*, *perro*, *río* son nombres que pueden aplicarse a todos los hombres, a todos los perros y a todos los ríos), y *propio* (cuando distingue a una persona, animal o cosa. Ejemplo: el río *Ebro*). El *sujeto* de una frase es siempre un sustantivo o un *pronombre*. El pronombre es la palabra que sustituye al nombre. Los pronombres personales son: *yo, tú, él, nosotros, vosotros, ellos*.

Swazilandia

El reino de Swazilandia se halla en el sureste de África y está casi completamente rodeado por Suráfrica. La mayor parte de la población vive de la ganadería y del cultivo de maíz. Grandes bosques dan productos de la madera. Swazilandia depende de la República de Suráfrica para casi todo su comercio. Se trata de un antiguo protectorado británico que alcanzó la independencia en 1968, y es miembro de la COMMONWEALTH.

SWAZILANDIA

Gobierno: Monarquía
Capital: Mbabane
Superficie: 17.363 km²
Población: 690.000 hab.
Lenguas: Siswati, inglés
Moneda: Lilangeni

Swift, Jonathan

Jonathan Swift (1667-1745) fue un escritor inglés, famoso por libros que hacían objeto de burla la necia y cruel conducta del pueblo y de los gobiernos. La mayoría de los niños disfrutan con narraciones como *Los viajes de Gulliver*, que describen viajes a países extrañísimos. En su primer viaje, Gulliver llega al país de Liliput, donde las personas sólo miden dos centímetros de estatura. Luego, se traslada a un país de gigantes.

Tabaco

El tabaco se hace con las hojas secas de la planta *Nicotiana*, que pertenece a la misma familia que las patatas. Se encontró por primera vez en América, pero en la actualidad se cultiva prácticamente en todo el mundo. El viajero español Francisco Hernández la introdujo en Europa en 1599.

Las hojas de tabaco se enrollan para hacer cigarros, o se desfibran para fumarlas en pipa o cigarrillos. Fumar es muy perjudicial para la salud, especialmente para los pulmones y el corazón.

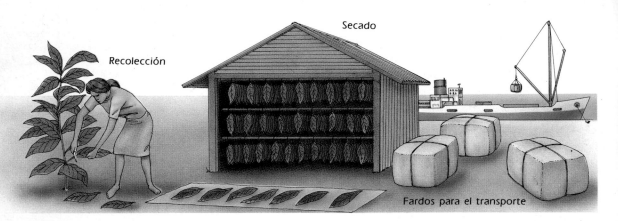

Recolección

Secado

Fardos para el transporte

▲ Las hojas de tabaco se cortan, luego se secan y se empaquetan para después enviarlas a procesar para la fabricación de cigarrillos, cigarros, tabaco suelto o rapé, un polvo que se aspira. El tabaco barato se seca al sol. Las variedades más caras se secan con aire caliente o al fuego.

Tacto

La piel posee distintas células nerviosas llamadas receptores, que responden a las cinco clases principales de sensación: el tacto suave, el tacto fuerte (presión), el dolor, el calor y el frío. Los receptores transmiten las sensaciones al cerebro a través de los NERVIOS. Los receptores del dolor son los más numerosos; los receptores del frío, los

▶ El tamaño del área del cerebro que se encarga de las señales táctiles de las diferentes partes del cuerpo corresponde a la sensibilidad de esa parte. Por ejemplo, la parte que se encarga de las señales de la boca es muy grande, porque hay muchos nervios dentro de la misma. Este gráfico muestra la sensibilidad de cada parte del cuerpo.

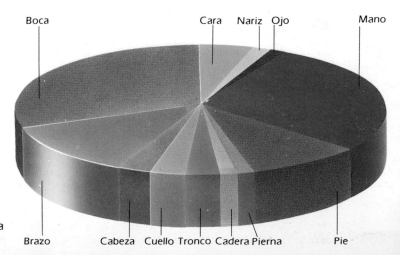

Boca Cara Nariz Ojo Mano

Brazo Cabeza Cuello Tronco Cadera Pierna Pie

menos. Algunas partes del cuerpo, como la lengua y las yemas de los dedos, poseen más receptores que otras. También tenemos receptores dentro del cuerpo. Normalmente no nos damos cuenta de que están funcionando, salvo cuando producen sensaciones tan comunes como el hambre o el cansancio.

Tailandia

Tailandia es un país del Sureste Asiático. Limita con Birmania, Laos y Camboya. La costa sur se abre al golfo de Tailandia, el cual forma parte del Mar del Sur de China.

La mayoría de la gente vive en la parte central del país. Muchos ríos corren por esta región, por lo que es muy fértil. El arroz es el cultivo principal. También cultivan algodón, tabaco, maíz, coco y plátanos. En el norte hay grandes bosques de teca, que es un importante producto de exportación. El suroeste de la península es muy rico en minerales, especialmente en estaño.

Antes de 1939 Tailandia se llamaba Siam. La palabra Tai significa «libre», por lo que Tailandia quiere decir la «tierra de los libres». Tiene un rey, pero el país está dirigido por un gobierno democrático.

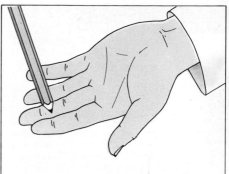

Experiméntalo

Algunas partes de tu cuerpo son más sensibles al tacto suave que otras. Prueba este experimento con un amigo. Tápate los ojos y pide a tu amigo que apriete una o dos puntas de lápiz contra la yema de tu dedo. Probablemente podrás adivinar cuántas puntas de lápiz utiliza tu amigo cada vez. Pruébalo en la espalda, en los hombros y en otras partes del cuerpo. ¿Puedes adivinar cuántas puntas de lápiz se utilizan cada vez? ¿Cuáles son las áreas receptivas al tacto suave?

TAILANDIA

Gobierno: Monarquía constitucional
Capital: Bangkok
Superficie: 514.000 km^2
Población: 52.440.000 hab.
Lengua: Tai
Moneda: Baht

◀ El gran palacio de Bangkok es una de las atracciones turísticas de la capital de Tailandia.

TAIWAN

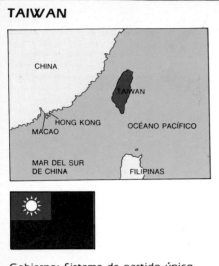

TAIWAN

Gobierno: Sistema de partido único
Capital: Taipei
Superficie: 35.961 km^2
Población: 19.600.000 hab.
Lenguas: Chino, taiwanés, hakka
Moneda: Dólar taiwanés

Taiwan

Taiwan es una isla a 140 kilómetros de la costa de CHINA. También llamada Formosa, su nombre oficial es el de República de China. El cultivo principal es el arroz, aunque también se cultivan el azúcar, la fruta y el té. La mayoría de los habitantes de Taiwan son chinos cuyos antepasados emigraron a la isla en el siglo XVIII. Otros son chinos que huyeron del interior después de la toma del poder por los comunistas en 1949. Taiwan tuvo la representación china en las Naciones Unidas hasta 1971, cuando China comunista fue admitida y Taiwan expulsada. La planificación por el gobierno y la ayuda de los EUA han conseguido importantes avances en la industria, así como en el nivel de vida del pueblo.

Taj Mahal

Ésta es la más hermosa tumba del mundo. Se levanta sobre el río Jumna, en Agra, en el norte de la India. El emperador Shah Jahan lo construyó para su esposa favorita, Mumtaz Mahal, quien murió en 1631. Cuando el

La construcción del Taj Mahal y su ornamentación precisó de 20.000 personas, de 1632 a 1650. El interior de la tumba está adornado con piedras semipreciosas e iluminado a través de biombos tallados en mármol situados en la parte superior de los muros.

▶ El Taj Mahal, en Agra, India, es una maravilla de la arquitectura islámica.

Shah murió fue enterrado con su esposa en esta tumba. Debido a su extraordinaria belleza, tanto exterior como interior, recibe numerosos visitantes cada año.

Tambor

Los tambores son los más importantes INSTRUMENTOS MUSICALES que se tocan mediante percusión. El sonido se consigue golpeando una piel o una hoja de plástico muy tensas. El timbal tiene una piel estirada por encima de un círculo de metal. Un bombo está hecho con pieles, una por cada lado de una gran «lata» abierta.

Támesis, río

El río Támesis es el río más largo e importante de Inglaterra. Empieza en los montes Cotswold Hills y corre hacia el este, haciéndose más y más ancho, hasta llegar al mar del Norte. El Támesis pasa por el centro de Londres, que en su tiempo fue el pueblo más importante de Europa. Actualmente, los muelles que una vez se extendieron durante 56 kilómetros al lado del río están cerrados, recalando los barcos más abajo.

Hace poco tiempo, el Támesis, en la región de Londres, era uno de los ríos más sucios del mundo, lleno de aguas residuales y basura química. Hoy día se está llevando a cabo una gran labor de limpieza, con tanta eficacia, que ha sido repoblado y los peces vuelven a vivir en sus aguas.

▲ Los tambores tribales se utilizaban para mandar mensajes en código de tambor, de pueblo a pueblo. Hoy en día su uso ha quedado relegado a ocasiones ceremoniales.

▼ El río Támesis se ha congelado en algunas ocasiones en el pasado. Este antiguo grabado muestra la feria que tuvo lugar en el río congelado en febrero de 1814.

TANZANIA

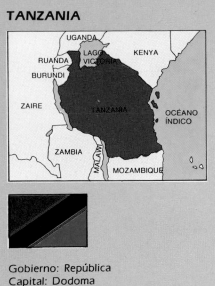

Gobierno: República
Capital: Dodoma
Superficie: 947.087 km^2
Población: 22.410.000 hab.
Lenguas: Suajili, inglés
Moneda: Chelín tanzano

Tanzania

Tanzania se compone de dos partes: Tanganika, en el este del continente de África, y las islas de Zanzíbar y Pemba, en la costa. Se unieron para formar un solo país en 1964. El país alberga parte del lago más grande de África, el lago Victoria, y la montaña más alta de África, el monte Kilimanjaro (5.963 metros). En Tanzania se puede encontrar la mayoría de los grandes animales de caza de África, destacando por su diversidad la gran reserva de antílopes que posee este país. Los diamantes son los minerales más valiosos del país. También se extrae oro. La antigua capital de Tanzania, y la ciudad más grande, es Dar es Salam.

Tapiz

Los tapices son dibujos o cuadros tejidos en tela. La elaboración de tapices es un arte que proviene de muy antiguo; los egipcios ya hacían tapices hace aproximadamente 1.700 años.

En España, el tapiz ha sido, desde siempre un arte muy apreciado, lo que explica el hecho de que la más grande colección de tapices que hoy se conserva sea la que posee el Estado español. Sobresalen, entre ellos, los cartones que pintó GOYA a finales del siglo XVIII y que fueron inmortalizados en el tejido.

Los tapices se elaboran tejiendo seda de colores entre filas de lino fuerte o hilos de lana sujetos a un marco

El diseño del tapiz se dibuja en las filas de lino con tinta. El tejedor trabaja por detrás del tapiz, que es por donde se sujetan los hilos con los que se hace el ligamento de las figuras.

▼ Los tapices nos ofrecen una fiel documentación de la época que representan, como este llamado *tapiz Bayeaux* que explica la invasión de Inglaterra en 1066 por Guillermo el Conquistador.

Tarántula

La tarántula es una especie de araña de dorso negro y vientre rojizo, tórax velloso, patas fuertes y abdomen casi redondo. Vive en terrenos secos y frecuentemente entre las piedras. Su picadura es peligrosa.

Se alimenta de insectos, pequeños lagartos y pajarillos que captura al atardecer. Es voraz y una buena cazadora, tan ágil y rápida que atrapa a sus presas sin necesidad de red de telaraña.

Tarot

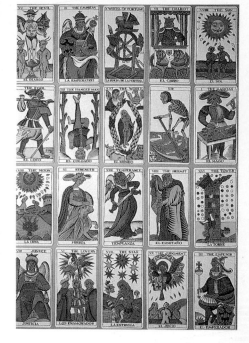

El Tarot es un juego de naipes utilizado para adivinar el porvenir de la gente.

Los naipes del Tarot representan símbolos poderosos que pueden proporcionar claves misteriosas sobre el futuro o sobre la propia personalidad. Normalmente consta de 56 cartas (*Arcano Mayor*) que se dividen en cuatro palos, cada uno de ellos con 4 figuras (Rey, Reina, Caballero y Paje).

▲ El Tarot es un juego de naipes de origen italiano utilizado para adivinar el porvenir.

Tauromaquia

Se llama tauromaquia al arte y técnica de lidiar toros de manera que, normalmente, la lidia se convierte en *fiesta*, espectáculo o diversión pública.

▼ La *suerte de banderillas* se realiza durante el segundo tercio y tiene por objeto fatigar al toro.

▲ Tchaikovsky escribió música para ballet; *La Bella Durmiente* (derecha) es uno de los más populares. Pero aunque sus obras musicales tuvieron éxito, a nivel personal el compositor no fue muy afortunado.

La corrida de toros tiene su origen en España y es en este país donde cuenta con más seguidores. Generalmente el espectáculo o la fiesta se celebra con seis toros y la lidia de cada uno se divide en tres tercios.

El traje de los toreros, llamado *traje de luces*, por lo mucho que brilla a la luz, es de seda y va abundantemente recargado de adornos de oro o plata.

Tchaikovsky, Peter Ilyich

Peter Tchaikovsky (1840-1893) fue uno de los más populares y más famosos compositores musicales. Nació en Votkinsk, en la Unión Soviética, y estudió música en San Petersburgo (actualmente, Leningrado). Vivió en una gran pobreza hasta que una rica dama, Nadezhda von Meck, le ofreció una cantidad anual de dinero, convirtiéndose así en su benefactora y, a la vez, en una buena amiga, con la que mantuvo una estrecha correspondencia.

Tchaikovsky fue un hombre de carácter triste, pero su música está llena de ardor. Hizo algunas giras por el extranjero, pero prefería quedarse en su casa, en el campo, donde podía dedicarse por entero a su música. Entre sus obras más conocidas destacan *El lago de los cisnes*, su primer *Concierto para piano*, el *Concierto para violín en re mayor*, la famosa suite *Cascanueces* y su *Sinfonía número 6*, «Pathétique», cuyo triunfo no llegó a gozar pues el compositor murió diez días después del estreno.

▲ Si se permitiera a una planta de té crecer libremente, podría alcanzar los 10 metros. Por el contrario, al podarla se mantiene pequeña y espesa, para que toda su energía se emplee en la creación de hojas nuevas.

Té

El té es una bebida refrescante que se elabora vertiendo agua hirviendo por encima de las hojas secas y cortadas de la planta de té.

Se cultivó por vez primera en China. Fue introducido en Europa por los holandeses, aproximadamente en el año 1660. Hoy día, las mayores plantaciones de té están en el norte de India, China y Sri Lanka.

Teatro

Un teatro es un lugar donde los actores representan obras, ante la atención del público. El teatro puede ser un solar de tierra o un edificio grande y costoso.

Los primeros teatros de que tenemos noticia se encontraban en Grecia. Eran, sencillamente, zonas de tierra aplanada en una colina. El público se sentaba en filas por

▼ Sección de un teatro moderno, que muestra:

A Ascensor
B Sala de proyección
C Anfiteatro de iluminación
D Peine
E Iluminación
F Plataforma para los técnicos
G Accesorios
H Telón metálico
I Entrada de artistas
J Oficina del regidor de escena
K Vestíbulo del anfiteatro
L Patio de butacas
M Escotillón
N Batería
O Decorado
P Palcos
Q Anfiteatro
R Vestíbulo de butacas

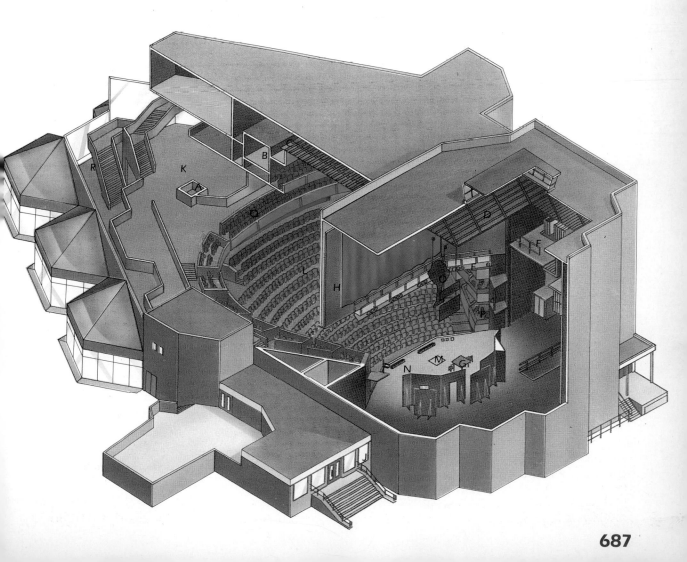

▲ El teatro de Delphi, en Grecia, fue construido en el siglo III a.C. Fue edificado con tanta habilidad que hasta el público de la última fila podía oír todo lo que decían los actores.

la colina superior para ver todo el «escenario». Cuando los griegos construían teatros cortaban la colina en forma de media luna y construían filas de sillas de piedra escalonadas que miraban desde lo alto a un escenario plano y redondo.

Los romanos copiaron la forma griega, pero construyeron la mayoría de sus teatros en tierra plana. Un muro soportaba las filas de sillas. Edificaron teatros en casi todos los grandes pueblos del Imperio Romano.

En Europa no hubo edificios de teatro hasta el siglo XVI. Las compañías de actores viajaban utilizando sus carros como escenario. Más tarde, ofrecían actuaciones en las casas de los ricos y en los patios de las tabernas. Los primeros teatros estables se hicieron de madera y se parecían mucho a las grandes tabernas. El escenario sobresalía en un gran patio. Había galerías de sillas por todos lados. Hasta tenían sillas en el escenario mismo, pero sólo para la gente adinerada. Estos teatros no tenían techo; cuando llovía, los *mosqueteros*, la gente que permanecía de pie en el patio al borde del escenario, se mojaban. Las obras de SHAKESPEARE se estrenaron en teatros de este tipo.

Teide

El Teide es una hermosa montaña volcánica que se yergue en el centro de la isla de Tenerife, en las ISLAS CANARIAS. Llega a los 3.718 m de altitud, por lo que es la cumbre más alta del Estado español.

▼ Los diferentes dibujos de las telas se consiguen con los diferentes tipos de tejido. Éstos incluyen (de izquierda a derecha): hilos entrelazados; hilos pasados por una urdimbre; tejido trenzado; un tercer hilo añadido a un tejido simple (*zigzag*).

Tejido

Antes de la REVOLUCIÓN INDUSTRIAL, todas las telas se hacían a mano con fibras naturales como la lana, la seda, el algodón o el lino. Desde entonces, los científicos han desarrollado muchos tipos de fibras inventadas por el hom-

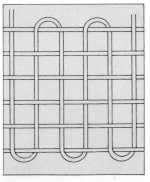
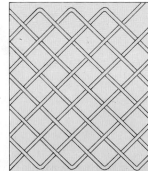

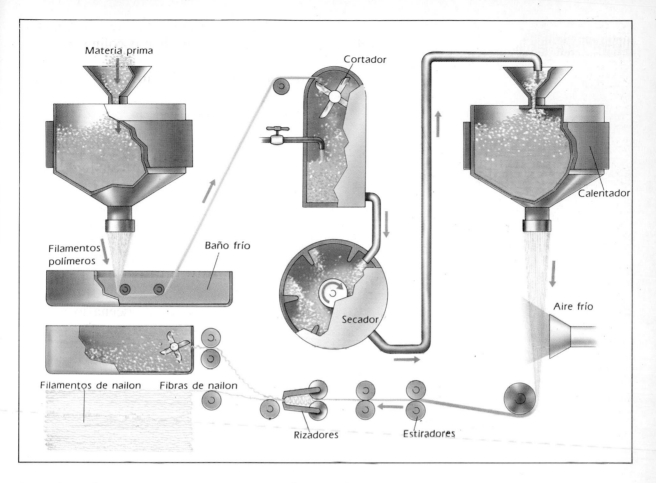

Materia prima

Cortador

Calentador

Filamentos
polímeros

Baño frío

Secador

Aire frío

Filamentos de nailon   Fibras de nailon

Rizadores

Estiradores

bre. El *rayón* se saca de la madera. El *nailon* proviene del petróleo. Hasta existen fibras que provienen del vidrio. Las fibras inventadas por el hombre, o artificiales, son más baratas y, a menudo, más fáciles de lavar y más duraderas. A veces, se mezclan con fibras naturales para conseguir lo mejor de los dos materiales. Algunos tejidos son tratados para que no se arruguen o decoloren.

▲ Producción de la fibra de nailon: un elemento químico llamado *caprolactam* es calentado bajo presión para hacer largos filamentos polímeros. Éstos se enfrían, se cortan y se secan. El polímero fundido pasa por pequeños agujeros para conseguir los finos hilos.

Tejón

Los tejones son animales grandes, parecidos a las comadrejas. Son comunes en Europa, América del Norte y Asia.

Los tejones son MAMÍFEROS. Tienen el cuerpo rechoncho, zarpas que utilizan para escarbar, largas y abruptas, dientes afilados y una poderosa mandíbula. Un tejón adulto mide, aproximadamente, 75 centímetros de la nariz a la cola, y cuando está en pie alcanza una altura de casi 30 centímetros.

Es poco usual que la gente vea a los tejones durante el día. Son criaturas nocturnas. Tras la puesta de sol, emergen de sus guaridas subterráneas y empiezan a comer.

▼ El tejón americano, que aquí vemos, es más pequeño que el europeo, siendo común en Norteamérica.

Roen las raíces de las plantas y cazan ratas, ratones, insectos, ranas y otros pequeños animales.

Los tejones construyen complicadas madrigueras que tienen varias entradas, un sistema de largos túneles y unas cuantas habitaciones. Aquí el tejón hace su hogar y cría de dos a cuatro crías a la vez.

▲ Los tejones viven en madrigueras. Las forran con helechos u otras plantas para hacerse una cama y se quedan allí acurrucados durante el día, saliendo sólo por la noche para comer.

Telecomunicaciones

La palabra griega *tele* significa «distancia». Telecomunicaciones se refiere a la comunicación a larga distancia por

Pantalla

Mensaje recibido

▶ Una máquina de télex es como un ordenador, con una tecla que se utiliza para enviar mensajes por teléfono. Cuando se escriben las letras, se convierten en señales eléctricas. Éstas se mandan por líneas telefónicas a una máquina semejante en el destino, que puede imprimir o mostrar el mensaje en una pantalla.

Teclado para mandar mensajes

RADIO, telégrafo, TELÉFONO y TELEVISIÓN. La mayoría de la comunicación a larga distancia de hoy en día es electrónica.

Las telecomunicaciones son rápidas porque las señales de sonido e imagen viajan en forma de corrientes eléctricas por cables, de ondas radiofónicas por el aire y el espacio, o de ondas de luz por fibras de vidrio. Las ondas radiofónicas y de luz viajan a una velocidad de 300.000 kilómetros por segundo. Las redes de teléfono y radio utilizan satélites de comunicaciones que dan vueltas por encima de la Tierra.

Las máquinas de télex y facsímiles (fax) juegan un papel importante en las comunicaciones actuales. Se introducen en las máquinas los mensajes en forma de documentos y en segundos se reproducen en la terminal receptora.

Hasta hace poco, los sistemas telefónicos y de televisión por cable han utilizado cables de metal para llevar las señales eléctricas. Ahora, estos servicios utilizan cables que contienen fibras ópticas –largas y finas fibras de vidrio–. Estas fibras llevan las señales en forma de rayos de luz disparados por un láser a través de cada fibra. Cada una de las finas fibras de vidrio puede llevar más canales que un cable de cobre, el cual es más pesado y más grande.

Teleférico

El teleférico es un sistema de transporte en que los vehículos van suspendidos de un cable fijo y se desplazan gracias a un cable de tracción.

Se emplea, principalmente, para comunicar lugares de difícil acceso por otro medio.

Algunos teleféricos famosos son el de Saléve en Italia, el del Pan de Azúcar en Brasil, el de Zugzpitze en los Alpes de Baviera y el de Montserrat en Cataluña, España.

▼ El teleférico acorta distancias entre puntos de difícil acceso, como éste en las proximidades de Chamonix, Mont-Blanc.

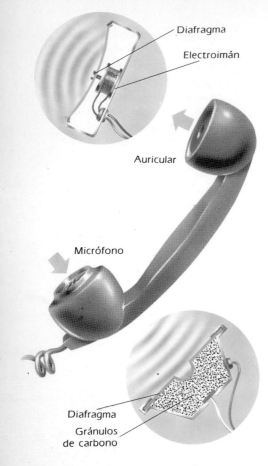

Diafragma

Electroimán

Auricular

Micrófono

Diafragma

Gránulos
de carbono

▲ Al hablar por el auricular se hace vibrar un diafragma que comprime gránulos de carbono que hacen variar la corriente eléctrica. La corriente discurre por los cables hasta el otro teléfono receptor y entra en el auricular, donde un electroimán hace vibrar otro diafragma para producir el sonido de tu voz.

Teléfono

Los teléfonos te permiten hablar con otras personas que pueden estar muy lejos. Cuando descuelgas el auricular, pones en marcha una pequeña corriente electrónica.

Las ondas sonoras de tu voz impactan un disco metálico que hay dentro del micrófono y lo hacen vibrar. Estas vibraciones viajan por los cables telefónicos en forma de ondas electrónicas. Cuando llegan a su destino, chocan contra el disco metálico del otro auricular. Éste reconvierte las vibraciones en ondas acústicas, que el receptor de tu llamada escucha como tu voz.

El primer teléfono eléctrico, inventado por Alexander BELL en 1876, sólo producía un sonido débil a largas distancias. Hoy las redes telefónicas utilizan un sistema mundial de cables y satélites de comunicaciones.

Telescopio

Los telescopios hacen que las cosas que están lejos parezcan estar cerca. Funcionan recogiendo la LUZ de un objeto, reflejándolo para producir una imagen minúscula que podemos ver.

Hay dos tipos de telescopio. El telescopio de LENTE o telescopio refractor utiliza dos lentes fijadas dentro de un tubo para evitar la luz indeseada. Una gran lente, en un extremo del tubo, recoge la luz. Se llama lente objetivo. Una lente más pequeña, llamada ocular, hace más grande la imagen.

La imagen que se ve a través de este tipo de telescopio está al revés. Si se quiere alterar la imagen y ponerla

▶ El telescopio William Herschel de 4,2 metros en su cúpula del Observatorio de La Palma, Canarias. Es el tercer telescopio de espejo único más grande del mundo. Está a gran altura, a 2.400 metros del nivel del mar, donde el cielo está totalmente despejado.

bien, se necesita una tercera lente. Los binoculares son dos telescopios de lentes juntas.

El otro tipo de telescopio se llama telescopio reflector. En lugar de una lente tiene un espejo curvado para captar la luz. El espejo está construido para que los rayos de luz se reflejen hacia un segundo espejo que a su vez los refleja hacia el ocular. Desde 1900, la mayoría de los grandes telescopios astronómicos construidos han sido reflectores.

La idea del telescopio de lente fue descubierta por casualidad en 1608 por Hans Lippershey, un fabricante holandés de lentes. Mientras sostenía dos lentes se dio cuenta de que la veleta de la iglesia parecía que estuviera mucho más cerca.

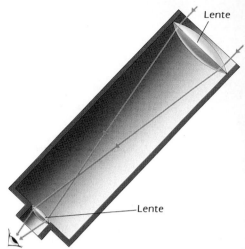

▲ Un telescopio refractor utiliza dos lentes para enfocar los rayos de luz de las lejanas estrellas y planetas.

Televisión

La televisión es una manera de enviar el sonido y las imágenes a través del espacio. Desde, aproximadamente, 1880, los científicos se han interesado en el fenómeno de la televisión. Aunque John Logie Baird fue el primero en mostrar el funcionamiento de la televisión, su éxito se basó en el trabajo de muchos otros científicos de todo el mundo. Baird mostró su aparato en 1926. El primer servicio de televisión se abrió en Gran Bretaña en 1936. La televisión en color empezó en Estados Unidos en 1956.

Al principio, la televisión era en blanco y negro. Poca gente tenía aparatos de televisión porque eran muy caros. Hoy en día, casi todos los hogares gozan de uno, y normalmente en color.

La televisión se basa en el cambio de las ondas de LUZ en señales eléctricas. Esto ocurre dentro de la cámara de televisión. Una imagen de lo que ocurre enfrente de la cámara se forma en una pantalla especial detrás de la LENTE. Detrás de la pantalla hay un cañón de electrones. Éste *explora* la pantalla. Se mueve de izquierda a derecha para cubrir cada parte de la imagen. Cada parte se convierte en una señal eléctrica que se refuerza, y luego se envía al transmisor. El transmisor transmite todas las señales en forma de ondas radiofónicas. Éstas son recogidas por las antenas domésticas de televisión y son reconvertidas en señales eléctricas. Así entran en el aparato de televisión.

Dentro del aparato hay un gran tubo de vidrio llamado *tubo de rayos catódicos*. La pantalla que tú ves es la parte frontal de ese tubo, y está cubierta de minúsculos puntos químicos. En un aparato en color, estos puntos están di-

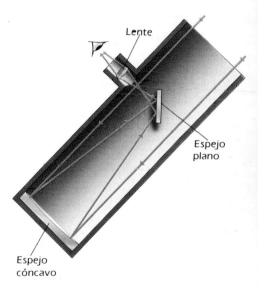

▲ Un telescopio reflector utiliza un gran espejo cóncavo para reflejar la luz hacia un espejo más pequeño que la conduce, a través de una lente, hasta el ojo.

El primer aparato de televisión que John Logie Baird construyó estaba hecho de latas, partes de bicicletas, lentes, cera y cuerda.

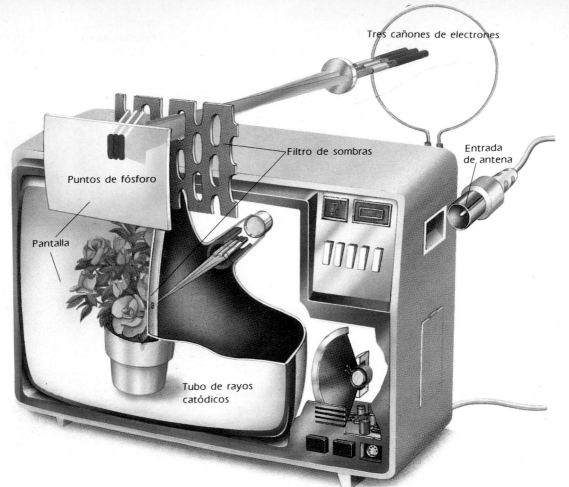

Tres cañones de electrones

Filtro de sombras

Entrada de antena

Puntos de fósforo

Pantalla

Tubo de rayos catódicos

▲ La parte principal de un aparato de televisión es el tubo de rayos catódicos. El extremo más grande es la pantalla. El extremo pequeño contiene tres cañones de electrones que envían electrones a través del filtro de sombras hasta los puntos de fósforo de la pantalla. Todos los colores que ves en una pantalla de televisión en color se forman a partir de tres colores –rojo, azul y verde–, y cada uno de ellos proviene de uno de los cañones. Para recibir las señales que envían los programas, se necesita una antena. La antena puede acoplarse al aparato, como el del dibujo, o instalarse encima del tejado de un edificio, para poder recibir las ondas transmitidas por el transmisor con mayor claridad.

vididos en tres grupos: el grupo rojo, el azul y el verde. En la parte posterior de este tubo hay otro cañón de electrones. Éste dispara un rayo de electrones que exploran la pantalla como lo hace la cámara. Un punto se enciende cada vez que un electrón golpea la pantalla. Estos pequeños reflejos de color construyen una imagen en tu pantalla. Tú no ves las líneas de luces intermitentes en color, ya que el cañón de electrones se mueve más rápidamente que el ojo. Lo que tú ves es una imagen de lo que está pasando en el estudio de televisión.

Los programas de televisión en directo te muestran lo que está pasando en el momento. La mayoría de los programas se graban en películas o *cintas de vídeo* y se emiten más tarde.

Temperatura

La temperatura es la medida del CALOR. Se mide en una escala marcada en un TERMÓMETRO. La mayoría de la gente en todo el mundo utiliza la escala *Celsius*. La escala *Fahrenheit* es la más utilizada en Estados Unidos.

Algunos animales, incluyendo mamíferos como los humanos, tienen la sangre caliente. Su temperatura se mantiene estable. Los humanos pueden aportar una gran variedad de temperaturas corporales. La temperatura corporal de una persona sana es de 37 °C. Cuando se está enfermo, la temperatura puede subir hasta 41 °C o más, y todavía podemos sobrevivir.

Otros animales, como las serpientes, los lagartos y las ranas, tienen la sangre fría. Su temperatura corporal sube y baja con la temperatura de su entorno. Muchos animales de sangre fría pueden sobrevivir hasta que las temperaturas de sus cuerpos llegan al punto de congelación.

Templo

Los templos son tan diversos como lo son los países en los que se encuentran. Se presentan bajo cualquier forma y dimensión –desde tiendas de campaña o cabañas de madera hasta las enormes CATEDRALES–, pero todos ellos son utilizados como lugares de oración, para la celebración de servicios religiosos.

TABLA DE CONVERSIÓN DE TEMPERATURAS

	Centígrados (*Celsius*)	Fahrenheit
Punto de congelación	0	32
	10	50
	20	68
	30	86
	40	104
	50	122
	60	140
	70	158
	80	176
	90	194
Punto de ebullición	100	212
	110	230
	120	248
	130	266
	140	284
	150	302
	200	392
	250	482
	300	572

Para convertir grados Fahrenheit a grados centígrados, resta 32, multiplica por 5 y divide por 9. Para convertir grados centígrados en grados Fahrenheit, multiplica por 9, divide por 5 y súmale 32.

◄ El templo de la *Sagrada Familia*, en Barcelona, del genial arquitecto Antonio Gaudí, es una de las más audaces y controvertidas obras de la arquitectura religiosa.

Los grandes templos, especialmente los cristianos, se construyen normalmente en forma de cruz latina. En la mayoría de ellos el altar se encuentra en el extremo oriental, en el extremo opuesto a la puerta principal.

Con el paso del tiempo, los templos cristianos se han venido edificando en los más diversos estilos arquitectónicos, generalmente de acuerdo con el período histórico y en el país donde se encuentran. Muchos templos adoptaron el estilo arquitectónico llamado *bizantino*. Todos ellos tie-

▲ En las plantas de iglesias cruciformes, la nave principal con el coro y el altar constituyen el brazo vertical de la cruz, y las naves transversales, el brazo horizontal.

nen arcos anchos y redondeados y cúpulas bajas. En la EDAD MEDIA apareció en Europa occidental un estilo conocido con el nombre de *gótico*. A partir del siglo XI se hicieron muy populares las catedrales con ojivas puntiagudas, arcos estrechos y altos, ventanales acristalados polícromos y muchos relieves en sus piedras. Estos templos resultaban frescos y oscuros en su interior. El gran espacio interior ayuda a dar a los fieles un sentimiento de respeto y devoción. Durante mucho tiempo el templo ha constituido el lugar obligado de reunión del pueblo, celebrándose en él grandes ceremonias religiosas.

En su interior muchas catedrales han sido proyectadas de forma parecida. Los fieles se sientan en el centro, en una sección llamada *nave*, frente al altar y al lugar donde canta el coro. A cada lado de la nave principal están los cruceros, que le dan al interior del templo cristiano su forma de cruz latina.

Tenis

El tenis es un juego para dos o cuatro personas que se practica en una pista especial, dividida en dos por una red de 91 cm de alto. Si juegan dos personas el partido se llama *individuales*, y si son cuatro las que lo hacen se llama *dobles*.

Las pelotas de tenis deben tener un diámetro de 63 mm y un peso de 56,7 gramos. Una raqueta de tenis puede ser de cualquier tamaño.

Un partido de tenis se divide en dos *sets*. Normalmente, las mujeres juegan tres *sets* y los hombres cinco. Cada *set* consta de seis juegos. Para ganar un juego, un jugador tiene que ganar un mínimo de cuatro puntos. El tenis moderno es una versión simplificada de un viejo juego francés que se llamaba *tenis real*.

Teotihuacán

Es un importante centro religioso ceremonial que tuvo su apogeo entre los siglos IV y VII. Fue el principal foco de las culturas prehispánicas mexicanas y destaca por los frescos, máscaras funerarias y esculturas halladas princi-

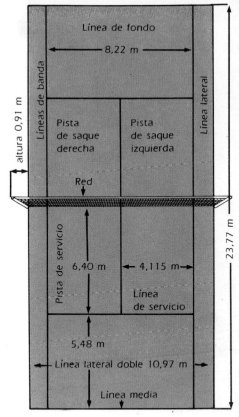

Línea de fondo
8,22 m
Líneas de banda
Línea lateral
altura 0,91 m
Pista de saque derecha
Pista de saque izquierda
Red
Pista de servicio
6,40 m
4,115 m
Línea de servicio
5,48 m
Línea lateral doble 10,97 m
Línea media
23,77 m

▲ Las divisiones y medidas de una pista de tenis moderno.

▼ Vista de la impresionante Pirámide del Sol, en Teotihuacán.

▲ Las terribles condiciones que sufren muchas personas en estas chabolas de Río de Janeiro, Brasil, son típicas en muchos de los países del Tercer Mundo.

▶ El número de muertes infantiles en un país por cada mil personas es un indicativo de la riqueza del país y del nivel de vida. En los países pobres, los bajos niveles de salud y educación se reflejan normalmente en el número de muertes infantiles.

palmente en los monumentos arquitectónicos más importantes, como la pirámide del Sol (la mayor de la civilización azteca), la pirámide de la Luna, el templo de Quetzalcóatl y la calzada de los Muertos.

Tercer Mundo

El Tercer Mundo es una manera de describir a las naciones pobres de nuestro mundo. Los dos primeros «mundos» son la naciones ricas y poderosas del Este, encabezadas por los partidos hasta hace muy poco comunistas de la Unión Soviética y China, y los países del Oeste, el más poderoso de los cuales es Estados Unidos.

Los países del Tercer Mundo se sitúan en Asia, África y América del Sur. Muchos de ellos proveen al resto del mundo de comida abundante a bajo precio, minerales, madera y fibras, así como mano de obra barata. Esta distribución de la riqueza en una parte del mundo y la pobreza en la otra es de difícil solución. El resto de los países ricos del mundo no quieren compartir la riqueza y el poder al que han estado acostumbrados durante tanto tiempo, lo cual significa que muchos países del Tercer Mundo están condenados a empobrecerse cada vez más mientras los países ricos siguen enriqueciéndose a su costa.

LA MORTALIDAD INFANTIL EN ALGUNAS NACIONES

Tercer Mundo	Por 1000	Otros	Por 1000
China	50	Australia	9
Bangladesh	140	Canadá	8
Bolivia	123	Dinamarca	7
Brasil	70	España	11
Birmania	96	Estados Unidos	10
Camerún	113	Finlandia	6
Chile	22	Francia	8
Gabón	162	Grecia	13
Gambia	217	Italia	12
Ghana	98	Nueva Zelanda	10
India	101	Polonia	18
Liberia	127	Reino Unido	10
Zaire	110	Suecia	3

Termita

Las termitas son INSECTOS que comen MADERA. Tienen cuerpos blandos y pálidos con unas cinturas muy gruesas y viven en las partes cálidas del planeta. Algunas termitas escarban túneles bajo el suelo o en la madera, cau-

Muchas termitas construyen sus nidos dentro de enormes montículos de tierra. Dentro del nido hay un laberinto de túneles y cámaras donde las obreras (izquierda, arriba) cuidan de los pequeños. La reina está en el centro del nido. Las termitas soldado (izquierda, abajo) defienden el nido ante cualquier ataque.

En algunas especies de termitas, la reina crece hasta adquirir un tamaño realmente enorme. Puede llegar a ser hasta 20.000 veces más grande que una simple termita obrera. Se hinchan tanto de huevos que en ocasiones casi no pueden moverse. Algunas de ellas pueden llegar a poner hasta 30.000 huevos por día.

sando muchos daños. Otras viven en enormes montículos de tierra.

Todas las termitas forman grandes grupos que se llaman colonias. Cada colonia tiene una reina, su rey, soldados y obreras. La mayoría de las termitas son obreras. Ellas son las que escarban los túneles o construyen los montículos y buscan la comida para el resto de la colonia.

Las termitas soldado poseen cabezas largas y duras, siendo ciegas y sin alas. Ellas defienden la colonia de cualquier ataque. La reina excede en tres veces o más el tamaño de las otras termitas, y no hace otra cosa que poner huevos. Habita siempre una cámara del montículo de la colonia, con su rey. Las obreras la alimentan y cuidan de sus huevos hasta que éstos rompen su cáscara.

Un termómetro médico puesto debajo del brazo de esta niña febril indicará a cuántos grados por encima de lo normal (37 °C) está la temperatura de su cuerpo. Es más seguro tomar la temperatura de un niño de esta manera que arriesgarse colocándole un termómetro de vidrio en la boca.

Termómetro

El termómetro es un instrumento que mide la TEMPERATURA. Normalmente es un tubo de cristal con una escala marcada. Dentro de él hay otro tubo de cristal, más delgado, que termina en una cápsula que contiene mercurio o alcohol. Cuando la temperatura asciende, el mercurio, o el alcohol, se calienta y expande (aumenta) ascendiendo por el tubo. Cuando se detiene, puedes leer la temperatura en la escala marcada. Si se enfría, el mercurio se contrae (disminuye) y baja por el tubo. Si se utiliza alcohol en un termómetro, éste es, normalmente, de color rojo. La mayoría de los termómetros miden las temperaturas entre el punto de ebullición y el punto de congelación del agua. Esto es, entre 0° y 100° en la escala

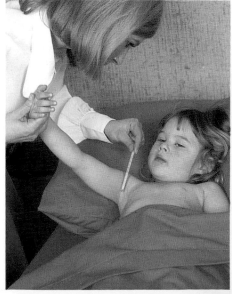

TERMOSTATO

▶ Los termómetros de máximas y mínimas se utilizan para indicar la temperatura más alta y la temperatura más baja que se han registrado. En un termómetro de máximas, el mercurio corre por un cuello estrecho en el tubo. Cuando el termómetro se enfría, una pequeña cantidad de mercurio queda encima del cuello, mostrando la máxima temperatura que ha experimentado el termómetro. Un termómetro de mínimas es normalmente un termómetro de alcohol que registra el punto más bajo. Los termómetros de horno (debajo) utilizan la diferencia en la expansión de metales distintos. Al subir la temperatura, la banda bimetálica se dobla cuando uno de los metales se expande, haciendo mover la flecha en el indicador.

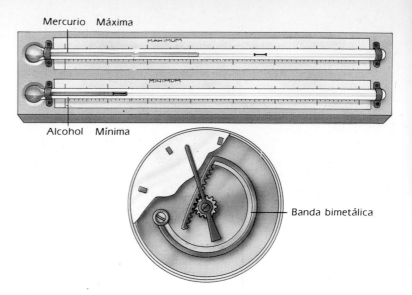

Mercurio Máxima

MAXIMUM

MINIMUM

Alcohol Mínima

Banda bimetálica

El nombre Centígrado se utiliza con frecuencia para la escala *Celsius*, pero no es correcto en el sistema internacional de unidades.

centígrada. La mayoría de los países utilizan esta escala, pero otros, como Estados Unidos, también utilizan la escala Farenheit, en la cual los puntos de ebullición y congelación son los 32° y los 212°.

Los termómetros médicos, que son lo suficientemente pequeños como para que quepan en la boca, miden el calor de tu sangre. Los termómetros domésticos te dicen si el aire dentro o fuera de tu casa está caliente o frío.

Termostato

Un termostato es un instrumento que mantiene una TEMPERATURA regular. Normalmente forma parte de un sistema de calefacción. La caldera se enciende y se apaga cuando la temperatura es demasiado alta o demasiado baja. También se encuentran los termostatos en las teteras, los coches, las naves espaciales y otras máquinas.

▶ Este circuito eléctrico está en un sistema de alarma contra incendios. Se compone de un timbre sonoro, un circuito eléctrico y una banda bimetálica, es decir, una banda de dos metales unidos. Cuando sube la temperatura, uno de los dos metales se expande más rápidamente que el otro, haciendo doblar la banda. Esto completa el circuito y hace sonar el timbre.

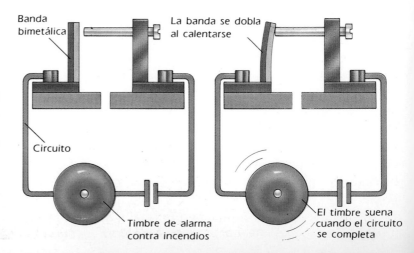

Banda bimetálica

La banda se dobla al calentarse

Circuito

Timbre de alarma contra incendios

El timbre suena cuando el circuito se completa

Hasta hace poco, los termostatos se hacían con bandas de metal por dentro. Cuando las bandas se calentaban se expandían. Tenían que doblarse para entrar en su espacio. Al doblarse, rompían el circuito eléctrico. Esto apagaba la caldera o la calefacción. Los termostatos modernos son eléctricos. Pueden funcionar a temperaturas que fundirían la mayoría de los metales.

Terremoto

La gente dice a menudo «tan seguro como en casa». Pero en ciertas partes del mundo de vez en cuando las casas se derrumban porque la tierra empieza a temblar. Este temblor se llama terremoto. Aproximadamente medio millón de terremotos tienen lugar cada año. La mayoría son tan débiles que sólo los instrumentos especiales llamados *sismógrafos* muestran que han ocurrido. Sólo uno de cada 500 terremotos ocasiona daños y sufrimientos. Se cree que tres cuartos de millón de personas murieron cuando un terremoto sacudió la ciudad china de Tangshan en 1976.

Se pueden dar pequeños temblores de tierra cuando los VOLCANES entran en erupción, cuando hay un desprendimiento de tierras o cuando el techo de una cueva subterránea se cae. Los terremotos más grandes ocurren cuando un gigantesco trozo de la corteza terrestre choca con otro. Este corrimiento puede darse bajo tierra, pero el golpe viaja a través de la corteza y sacude la superficie terrestre.

Un terremoto del lecho marino o maremoto puede crear una enorme ola oceánica que se llama *tsunami*.

TERREMOTOS FAMOSOS

Provincia de Shensi, China, 1556: Más de 800.000 personas perecieron, un número mayor que el habido en cualquier otro terremoto.

San Francisco, EUA, 1923: El terremoto y los incendios que éste causó destruyeron casi por completo la ciudad.

Llano de Kwanto, Japón, 1923: El terremoto más fuerte que se haya registrado nunca.

Armenia, URSS, 1988: Cerca de 25.000 personas murieron, desapareciendo muchas ciudades y pueblos.

◄ Un devastador terremoto en Alaska, EUA, en 1964, fue seguido por un *tsunami* (maremoto) casi tan destructivo como el mismo terremoto.

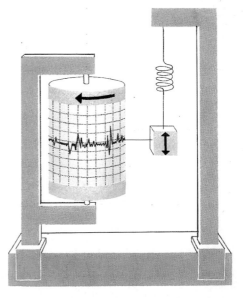

▲ Un sismógrafo muestra los temblores de la tierra en forma de serpenteos de una línea trazada en un tambor en rotación. Un temblor hace vibrar el peso que sostiene el marcador.

▲ Rígidos controles de seguridad se llevaron a cabo con los visitantes de los *Juegos Olímpicos* de Seúl, Corea, en 1988. Los terroristas a menudo escogen los mayores acontecimientos internacionales como marco de sus ataques.

▶ Los trabajadores en una fábrica textil acercan al telar enormes madejas de hilo. Los telares totalmente automáticos son, hoy en día, muy comunes en muchos países, aunque los telares manuales todavía se utilizan para la fabricación de telas especiales de lana o seda.

Una persona puede operar a la vez 20 de los telares automáticos que hoy en día se utilizan. Si se rompe uno de los hilos, la corriente eléctrica se corta y la máquina deja de funcionar. Algunos telares utilizan aire comprimido para hacer pasar la trama por la urdimbre.

Esta puede ser más alta que una casa y viajar con tanta celeridad como el tren más rápido.

Terrorismo

El terrorismo es el uso de la violencia y el empleo del terror para conseguir fines políticos. Ha habido un incremento del terrorismo en todo el mundo desde el final de la II Guerra Mundial. Los terroristas amenazan · con bombas y disparos, secuestran aviones, raptan personas para utilizarlas como rehenes, roban bancos y, a menudo, toman parte en el tráfico de drogas.

El terrorismo es un problema mundial, y los países se están uniendo cada día más para tratar de que desaparezca por completo.

Textil, industria

Las cortinas, las sábanas, las camisas y las alfombras, las toallas y los trajes son sólo algunos de los múltiples artículos que puede hacer la industria textil. En ellas, los hilos se unen en dibujos de zigzag para hacer los más variados tejidos.

La gente ha estado tejiendo telas para hacer ropa desde la EDAD DE PIEDRA. La tela más antigua que conocemos

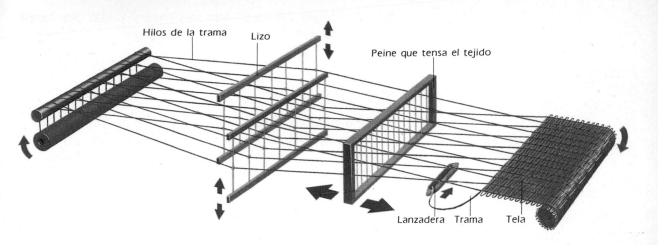

Hilos de la trama · Lizo · Peine que tensa el tejido · Lanzadera · Trama · Tela

fue tejida hace, aproximadamente, 800 años en lo que se conoce actualmente por Turquía. Estos primeros tejedores aprendieron a hacer el hilo del *lino*. Hacia el año 2.000 a.C. los chinos ya tejían con la seda. En la India, aprendieron a usar las fibras de la planta del algodón. Mientras tanto, los *nómadas* (viajeros) de los desiertos y montañas de Asia descubrieron cómo utilizar la LANA.

Durante miles de años, hacer ropa era una lenta tarea. Primero, las fibras se estiraban y se enroscaban hasta conseguir una larga hebra. Este proceso se conoce como el hilado. Entonces, las filas de hilos se estiraban, una al lado de la otra, en un marco llamado telar. Estas hebras o hilos hacían las madejas. A continuación se pasaba otro hilo a través, la *trama*, desde un lado del telar hasta el otro, por encima y por debajo de la urdimbre. Una lanzadera, como una aguja muy grande, era utilizada para alimentar la trama por entre el hilado.

Las ruedas de hilar y los telares se utilizaron manualmente hasta el siglo XVII. Entonces, se inventaron las máquinas de hilar y de tejer. Estas máquinas trabajaban mucho más rápido que los telares manuales, y la tela se hizo más barata y más abundante. Hoy en día, la mayoría de las telas se tejen mecánicamente.

▲ La tela se realiza tejiendo dos tipos diferentes de hilos en un telar. Durante el tejido de los hilos, el lizo crea un espacio al subir y bajar los diferentes hilos de la urdimbre. Entonces la lanzadera pasa el hilo de la trama a través de los espacios, pasando por encima de algunos y por debajo de otros para crear la tela.

Tíbet

El Tíbet es un país del Asia Central. Es el más alto del mundo. La parte llana del Tíbet, que está en medio, es tan alta como los picos de los ALPES. Enormes cordilleras de montañas rodean esta alta meseta. En el sur se encuentra el HIMALAYA, donde está el monte EVEREST.

En la parte elevada, el clima es severo, con veranos cortos e inviernos muy fríos. En la parte oriental, en cambio, el clima es más suave.

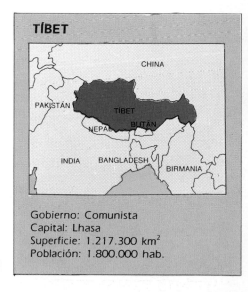

TÍBET

CHINA · PAKISTÁN · TÍBET · BUTÁN · NEPAL · INDIA · BANGLADESH · BIRMANIA

Gobierno: Comunista
Capital: Lhasa
Superficie: 1.217.300 km²
Población: 1.800.000 hab.

Según la tradición tibetana, una mujer no puede escoger marido, y si se casa con el hermano mayor de una familia, los hermanos menores se convierten también en sus esposos.

TIBURÓN

▶ Este remoto monasterio budista en las montañas del Tíbet está a unos 4.000 metros sobre el nivel del mar.

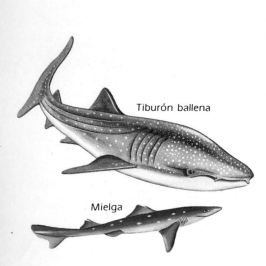

Tiburón ballena

Mielga

El Tíbet solía estar gobernado por los monjes budistas llamados *lamas*. En 1959, el país fue invadido por China.

▲ La mielga mide unos 60 cm de largo, mientras que el tiburón ballena mide más de 15 metros. Los tiburones que ves abajo son todos cazadores y poseen hileras de dientes muy afilados.

Tiburón

A la familia de los tiburones pertenece el pez más grande y feroz que existe: el gran tiburón blanco. Muchos tiburones poseen una cabeza de forma triangular, un cuerpo largo y una aleta también triangular que a menudo sale fuera del agua. Sus esqueletos son de cartílagos, no de hueso. La mayoría de los tiburones vive en los mares templados. Varían mucho de tamaño. La *mielga*, una de las especies más pequeñas, mide tan sólo 60 cm de largo. El pez más grande de los océanos, el *tiburón ballena*, al-

Pez martillo

Gato

Hileras de dientes superpuestas

Tiburón blanco

canza más de 15 metros –es tan largo como dos autobuses juntos–.

El tiburón *ballena* y el tiburón *peregrino* son inofensivos para las personas y los demás animales porque sólo consumen PLANCTON. Pero muchos tiburones son crueles asesinos que tienen hileras de afilados dientes. Muchos atacarían a los humanos. El monstruo más feroz, el *gran tiburón blanco*, se come a su víctima entera. Restos de animales grandes, como caballos, focas y otros tiburones, han sido encontrados en sus entrañas.

Otros peligrosos tiburones son los tiburones *azules*, los tiburones *tigre* y los tiburones *leopardo*, que tienen manchas como las de dicho animal. El olor de la sangre en el agua puede hacer que estos escualos ataquen cualquier cosa que esté cerca, aunque sean otros tiburones.

Tiempo

Nadie ha podido explicar nunca qué es el tiempo, pero el ser humano ha inventado muchas maneras para medirlo. Primero, dividiendo los años y los meses según cosas naturales que pasaban regularmente, como las ESTACIONES y el tamaño y forma de la LUNA. La posición del SOL en el cielo ayudaba a saber la hora del día.

El primer reloj fue probablemente inventado por los egipcios. Era un reloj de sol. A medida que el Sol se movía por el cielo, una aguja en medio del reloj proyectaba una sombra sobre una escala de horas dibujada a su alrededor.

Pero esto no funcionaba por la noche. Otras maneras de saber la hora, sin ayuda del Sol, fueron inventadas. Una de ellas fue el reloj de arena. Éste se componía de dos compartimientos de cristal unidos en el centro. La arena de una de las cápsulas tardaba exactamente una

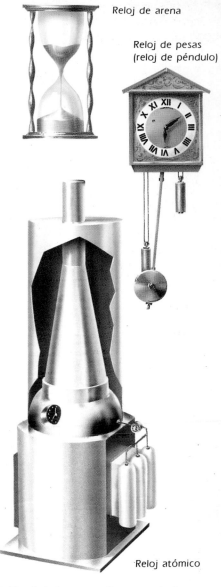

Reloj de arena

Reloj de pesas
(reloj de péndulo)

Reloj atómico

▲ El reloj de arena fue una de las primeras invenciones para medir el tiempo. Los relojes de péndulo se empezaron a utilizar en el siglo XVII. Métodos más precisos para medir el tiempo han sido desarrollados con los años. El reloj atómico de caesio es tan preciso que sólo se retrasa un segundo cada 1.000 años.

◄ A causa de la rotación de la Tierra, el amanecer, por ejemplo, en el este de Estados Unidos tiene lugar tres horas antes que en la parte oeste. Por esta razón, el mundo se ha dividido en 24 zonas de tiempo. En la Línea Internacional de Cambio de Fecha, el día cambia.

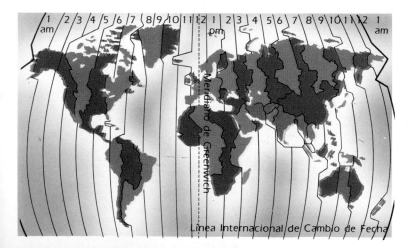

TIEMPO METEOROLÓGICO

Anemómetro

Veleta

N

Higrómetro

Termómetro

Barómetro

▲ Se utilizan estos cinco instrumentos para medir las condiciones atmosféricas, que dependen de las distintas masas de aire que pueden circular sobre la superficie (abajo).

hora en pasar a través del agujero hasta el otro compartimiento.

Los RELOJES mecánicos no se inventaron hasta el siglo XIII. Éstos funcionaban con pesas. Los relojes de cuerda se empezaron a construir en el siglo XVI. A principios del siglo XVII, el PÉNDULO se empezó a utilizar para conseguir más precisión. Los relojes modernos son muy precisos ya que funcionan electrónicamente. Los científicos necesitan una medición del tiempo aún más precisa, para ello utilizan relojes que miden hasta la diezmillonésima parte de un segundo.

Creemos que el tiempo es algo siempre igual en cualquier situación, pero esto no es necesariamente así. Albert EINSTEIN demostró que el ritmo al que pasa el tiempo varía según la velocidad a la que se esté viajando. En un avión supersónico, los relojes se mueven ligeramente más despacio que en la superficie de la Tierra. Sin embargo, la diferencia sólo se puede notar en una nave que viaje a la velocidad de la luz.

Tiempo meteorológico

El tiempo meteorológico, o atmosférico, –sol, niebla, LLUVIA, NUBES, VIENTO, calor, frío– está siempre cambiando en la mayor parte del mundo. Estos cambios son el resultado de lo que pasa en la ATMÓSFERA, que, como sabemos, es la capa de aire sobre la Tierra.

La atmósfera está siempre en movimiento conducida por el calor del Sol. En los polos Norte y Sur los rayos del

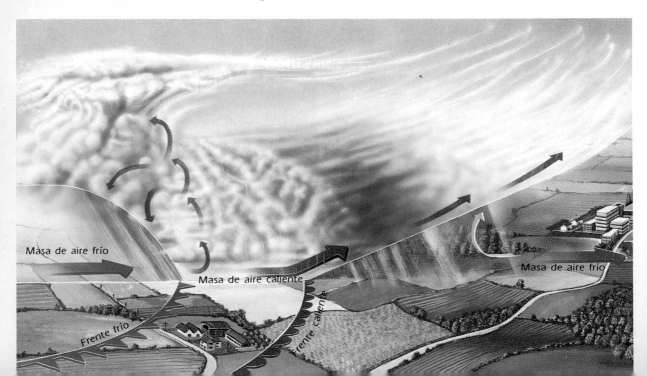

Masa de aire frío

Masa de aire caliente

Masa de aire frío

Frente frío

Frente caliente

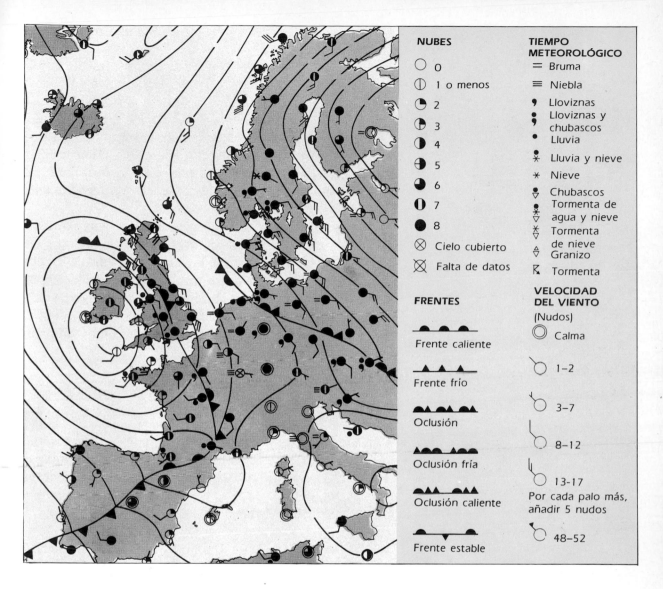

NUBES

⊖	0
◑	1 o menos
◔	2
◑	3
◐	4
◕	5
◕	6
◑	7
●	8
⊗	Cielo cubierto
⊠	Falta de datos

TIEMPO METEOROLÓGICO

=	Bruma
≡	Niebla
۹	Lloviznas
۹۹	Lloviznas y chubascos
●	Lluvia
✳	Lluvia y nieve
✳	Nieve
▽	Chubascos
▽	Tormenta de agua y nieve
▽	Tormenta de nieve
▽	Granizo
⏚	Tormenta

FRENTES

Frente caliente

Frente frío

Oclusión

Oclusión fría

Oclusión caliente

Frente estable

VELOCIDAD DEL VIENTO
(Nudos)

◎	Calma
	1–2
	3–7
	8–12
	13-17

Por cada palo más, añadir 5 nudos

	48–52

Sol son más débiles y el aire es más frío. Este calor desequilibrado hace que la atmósfera nunca esté quieta. Enormes masas de aire frío y caliente giran alrededor de los trópicos y de las zonas polares. Cuando estas masas de aire se encuentran, ascienden o descienden, se calientan o se enfrían, conforman el tiempo meteorológico.

Cuando masas de aire frío y masas de aire caliente se encuentran, el aire gira sobre sí mismo en una espiral gigante que se llama *depresión*. Las depresiones traen nubes, viento, lluvia y tormentas de verano. También pueden causar violentos TORNADOS y HURACANES.

La línea de choque de dos masas de aire se llama *frente*. Cuando el aire frío empuja hacia arriba el aire caliente, se forma un *frente frío*; cuando una masa de aire caliente alcanza a otra de aire frío, se crea un *frente caliente*. Una *oclusión* se forma cuando un frente frío adelanta a un frente caliente. Los meteorólogos predicen llu-

▲ Este cuadro es un sumario de las condiciones meteorológicas en Europa en un tiempo específico. Las líneas se llaman *isobaras*; muestran la presión atmosférica. Los meteorólogos utilizan símbolos en sus cuadros para representar diferentes fenómenos. El significado de los símbolos utilizados en este cuadro se muestra a su lado.

Humus flotante

Sedi mentos

Barro

Arena fina

Arena gruesa

Experiméntalo

Para mostrar que la tierra se compone de partículas diferentes, pon una muestra de tierra en una jarra de agua y agítala. Cuando paras de agitar, las partículas que pesan más se hunden hasta el fondo y la tierra se separa en sus capas diferentes (tal como se ve arriba). Así puedes calcular (aproximadamente) la cantidad de arena, arcilla y cieno que tenía tu muestra original de tierra.

▼ Aunque la inclemencia del tiempo hace que Tierra del Fuego sea bastante inhóspita, sus paisajes poseen una gran belleza.

via y nieve antes que un frente caliente. Generalmente las lluvias se forman con los frentes fríos.

Tierra

La tierra es una capa de pequeñas partículas minerales sobre la superficie del planeta TIERRA. Cubre las rocas, siendo a veces bastante gruesa. La tierra puede ser de arena o de arcilla, y puede contener restos putrefactos de las plantas, llamados *humus*.

Si las partículas de tierra son muy frías, se la llama arcilla. Si son más gruesas se llaman sedimentos, y si son muy gruesas se llaman arena. La tierra buena es una mezcla de todas éstas, con mucho humus. A menudo la gente añade los ABONOS de los animales o los fertilizantes químicos a la tierra pobre. Esto hace que la tierra sea más rica en los minerales adicionales que algunas plantas necesitan para vivir.

Tierra, la

Nuestra Tierra es el quinto de los planetas más grandes que se mueven alrededor del SOL. Vista desde el espacio, la Tierra parece un balón enorme. La superficie está cubierta por TIERRA, y AGUA, y el AIRE rodea la Tierra. (Ver las páginas 710 y 711.)

Tierra del Fuego

Tierra del Fuego es un archipiélago que está al sur de América del Sur. Está separado del continente por el estrecho de Magallanes. La isla más importante es Tierra del Fuego, y hay muchísimas más: Desolación, Santa Inés, Navarino, Los Estados, etc. El archipiélago pertenece a Chile y a Argentina. Su clima es frío y sus escasos habitantes, los fueguinos, se dedican a la caza de focas, a la pesca, a la ganadería y a explotaciones petrolíferas.

Tigre

Los tigres son los miembros más grandes de la familia felina. Viven en los bosques de Asia e Indonesia, y cazan venados o ganado grande. Los tigres normalmente yacen durante el día, y cazan por la noche. Son muy fuertes. Un tigre puede arrastrar a un búfalo muerto tan pesado que

◄Los tigres son vistos muy raramente en los claros del bosque. Prefieren la sombra fresca de los árboles. Sus marcas los hacen más adecuados a zonas de sombras dispersas, donde puedan camuflarse.

un grupo de hombres tendría dificultades para moverlo.

Hasta el siglo XIX, miles de estos FELINOS vivían en los bosques de Asia. Los hombres empezaron a cazarlos, y como resultado, hoy en día son escasos.

Tinte

Los tintes son sustancias que se utilizan para colorear TE-JIDOS y otros materiales. Algunos tintes provienen de las plantas. Se solía obtener la cochinilla, un tinte rojo, de los insectos cochinillas. La mayoría de los tintes se consiguen a partir de sustancias químicas. Para teñir un objeto, éste se ha de introducir en agua que contenga tinte disuelto. Si el tinte es *rápido*, el objeto mantendrá el color teñido por mucho que se lave.

Tiro con arco

El tiro con arco es el uso del arco y la flecha, antes para cazar y guerrear, hoy en día casi siempre por deporte. Nadie sabe cuándo se utilizaron por primera vez el arco y la flecha, pero el hombre prehistórico los empleó para matar animales con los que alimentarse y abrigarse. Hasta

(Continúa en pág. 712)

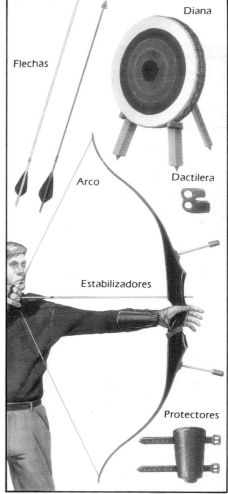

▲ Una cierta cantidad de equipamiento es necesario para practicar el deporte del tiro con arco. Los protectores sirven para guardar el antebrazo de la cuerda del arco.

709

LA TIERRA

Según nuestros conocimientos, la Tierra es el único planeta que tiene vida. Nuestro mundo es un planeta de tamaño medio, que da vueltas, con otros ocho planetas, alrededor de una estrella (el Sol). Aquello que hace único a nuestro planeta es su atmósfera y su agua. Juntos, hacen posible una rica variedad de vida animal y vegetal. Vista desde el espacio, la Tierra puede parecer cubierta por el océano y envuelta por nubes turbulentas. La tierra sólo cubre una cuarta parte de la superficie del planeta; debajo de la misma hay un núcleo que es muy caliente y denso.

Si la Tierra fuera del mismo tamaño que una pelota de fútbol, las masas de tierra más altas en el mundo, como el Himalaya, no serían más altas que una capa de pintura encima de la pelota. Las grietas oceánicas más profundas serían arañazos casi invisibles en dicha capa de pintura.

Aunque la Tierra tiene entre 4 y 5 millones de años de edad, nunca se han encontrado rocas tan antiguas. Se especula con la idea de que todas las rocas originales de la Tierra se han ido erosionando con el transcurso del tiempo.

CARACTERÍSTICAS PRINCIPALES DE LA TIERRA

Edad: sobre los 4.600 millones de años.

Peso: unos 6.000 millones de millones de toneladas.

Diámetro: de un Polo a otro a través del centro de la Tierra: 12.719 km. A lo largo del ecuador a través del centro de la Tierra: 12.757 km.

Circunferencia: de un Polo a otro: 40.020 km. Alrededor del ecuador: 40.091 km.

Zonas de agua: alrededor de 361 millones de kilómetros cuadrados, 71%.

Zonas de tierra: unos 149 millones de kilómetros cuadrados, 29%.

Volumen: 1.084.000 millones de kilómetros cúbicos.

Altura media sobre el nivel del mar: 840 metros.

INTERIOR DE LA TIERRA

Núcleo Manto Corteza

El **núcleo exterior** de la Tierra está debajo del manto y por encima del núcleo central. Tiene un grosor de 2.240 km. El núcleo exterior se compone de metales, bajo una enorme presión y tan calientes que están fundidos. Cuatro quintas partes pueden ser hierro y níquel. El resto es probablemente silicio.

El **núcleo central** es una bola sólida, de unos 2.440 km de diámetro. Así como el núcleo exterior, quizás esté compuesto solamente de hierro y níquel. La temperatura del núcleo es de 3.700 °C y la presión es de 3.800 toneladas por centímetro cuadrado.

El **manto** está debajo de la corteza y por encima del núcleo exterior. Tiene un espesor de casi 2.900 km y está compuesto de rocas calientes. La temperatura y la presión son aquí más bajas que en el núcleo. A pesar de lo cual, la mayor parte de las rocas del manto están semifundidas.

La **corteza** es la capa exterior sólida de la Tierra. Llega a tener un espesor de hasta 30 km por debajo de las montañas, pero sólo de unos 6 km bajo los océanos.

La Tierra fotografiada desde el espacio. Los «remolinos» de nubes son depresiones –zonas de baja presión atmosférica donde el aire cálido de los trópicos se encuentra con el aire frío de los polos–. Estas panorámicas ayudan a los meteorólogos a predecir el rumbo de los huracanes, y así poder avisar de las tormentas peligrosas.

CLAVE

- ☐ Bosques húmedos tropicales
- ■ Bosques de sabana
- ■ Bosques de coníferas
- ■ Bosques templados
- ■ Tierra de pastos secos y estepas
- ■ Desierto seco y caliente
- ☐ Bosque de tundra y ártico
- ■ Desierto frío

REGIONES FRÍAS Y CALIENTES DEL MUNDO

DATOS DE LA TIERRA

La montaña más alta: Everest (Asia) 8.860 m.

El río más largo: Nilo (África) 6.670 km.

La mayor profundidad oceánica: Zanja Mariana (Océano Pacífico) 11.022 m.

El desierto más grande: Sahara (África) 8.400.000 km².

El océano más grande: Pacífico 181.000.000 km².

El lago navegable más alto: Titicaca (Suramérica) 3.810 m sobre el nivel del mar.

El lago más profundo: Baikal (URSS) 1.940 m.

El lago más grande: El mar Caspio (Asia) 438.695 km cuadrados.

La mayor cascada: El Salto del Ángel (Venezuela, Suramérica) 979 m.

El lugar más húmedo: Monte Waialeale, Hawai, con 11.680 mm de precipitaciones al año.

El lugar más seco del mundo: Desierto de Atacama, Chile, con un promedio de precipitaciones de 0,76 mm de agua al año.

FORMACIÓN DE LAS MONTAÑAS

Las montañas plegadas (debajo, derecha) se forman cuando enormes fuerzas doblan las capas de roca hasta producir gigantescos pliegues. Las Montañas Rocosas de los Andes se formaron de esta manera cuando las placas de la corteza terrestre colisionaron. Algunas rocas se plegaron sobre otras, y después de millones de años, una nueva cordillera nació. Otros tipos de montañas se forman cuando se agrieta la capa externa de la corteza terrestre.

Montañas plegadas

Fallas

Para más información consultar los artículos: CONTINENTE; DESIERTO; GEOLOGÍA; ISLA; LAGO; MONTAÑA; OCÉANO; RÍO; SISTEMA SOLAR; VOLCÁN; TIEMPO METEOROLÓGICO.

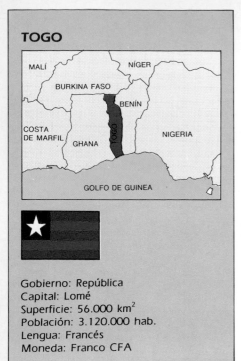

TOGO

MALÍ
NÍGER
BURKINA FASO
BENÍN
COSTA DE MARFIL
TOGO
GHANA
NIGERIA
GOLFO DE GUINEA

Gobierno: República
Capital: Lomé
Superficie: 56.000 km²
Población: 3.120.000 hab.
Lengua: Francés
Moneda: Franco CFA

el descubrimiento de la pólvora, el ejército con los mejores arqueros era el que normalmente ganaba la batalla.

En la actualidad, es un deporte muy popular. En el tiro al blanco, éste se coloca a unos 60 metros de distancia. La longitud de la flecha depende de la altura del jugador y de su sexo, siendo para el hombre más largas que para la mujer. Generalmente, los arcos están hechos de madera laminada o de fibra de vidrio.

Titicaca, lago

El lago Titicaca es uno de los mayores de América del Sur. Está en los altiplanos de los ANDES, entre Bolivia y Perú, a 3.812 m de altitud. Sus 8.340 km² de extensión permiten su navegación con barcos de vapor. Tiene también muchas islas, algunas de ellas famosas por sus tesoros arqueológicos.

Togo

La República de Togo constituye una estrecha banda de tierra en el oeste de ÁFRICA. El clima es caluroso y húmedo, especialmente cerca de la costa. El país tiene poca industria, aparte de la extracción de los grandes depósitos de fosfatos. Alemania gobernó el país hasta la I Guerra Mundial. Tras su derrota, Togo pasó a manos de Francia. El país consiguió su independencia en 1960.

Tokio

Tokio ha tenido una historia demográfica poco usual. En 1787 tenía una población de 1.400.000 hab., entonces la ciudad más grande de aquella época. Luego la población de Tokio se redujo más y más hasta que en 1868 fue sólo la mitad de su antiguo volumen. Cuando la ciudad fue casi totalmente destrozada por el terremoto de 1923, la población había llegado otra vez hasta los 2.200.000 hab.

Tokio es la capital de JAPÓN. Es una de las ciudades más grandes del mundo. Tokio está en la costa sureste de Honshu, la isla principal del archipiélago.

En esta enorme ciudad hay trabajo de casi todo tipo. Existen fábricas que hacen papel, electrodomésticos y otros bienes eléctricos, coches y motocicletas. También hay enormes astilleros y refinerías de petróleo en la costa. Tanta gente trabaja en Tokio que la mayoría tiene que vivir fuera, en los extramuros de la ciudad. Algunas personas emplean cuatro horas al día yendo y viniendo del trabajo. Tokio sufre los peores embotellamientos del mundo.

Gran parte de la ciudad fue destrozada por un TERREMOTO en 1923. Lo que quedó fue duramente bombardeado durante la II GUERRA MUNDIAL. Desde entonces se ha reconstruido la ciudad casi en su totalidad, pero que-

◀ Una de las religiones en Japón se llama Sintoísmo. Los seguidores veneran muchos dioses, la naturaleza y a sus antepasados. Este cuadro es de un santuario Sinto.

PRINCIPALES OBRAS DE L. TOLSTOI	
Infancia	1852
Sebastopol	1856
Dos húsares	1856
Los cosacos	1863
Guerra y paz, 6 vols	1868-69
Ana Karenina, 2 vols.	1875-78
Confesión	1882
En qué consiste mi fe	1883
¿Qué debemos hacer, pues?	1886
El poder de las tinieblas	1886
La muerte de Iván Ilich	1886
La sonata a Kreutzer	1891
Amo y siervo	1895
¿Qué es el arte?	1898
Resurrección	1899
El cadáver viviente	1902

dan algunos hermosos edificios viejos. El Palacio Imperial es un viejo castillo *shogun*, y hay muchos templos y santuarios.

Tolstoi, León

León Tolstoi (1828-1910) fue el escritor ruso que escribió dos de las mejores novelas de todos los tiempos: *Guerra y Paz* y *Ana Karenina*. Nació en el seno de una familia noble y luchó en la guerra de Crimea. Tolstoi odiaba la avaricia y el egoísmo que conoció en sus viajes. Se separó de la Iglesia Ortodoxa Rusa y empezó un nuevo tipo de cristianismo. A la edad de 82 años, Tolstoi abandonó su hogar, pero pronto enfermó y murió en una pequeña estación de trenes. La Iglesia se negó a enterrarlo pero la gente acudió en masa a su funeral, ya que lo veían como un hombre que había hecho todo lo posible por mejorar sus destinos.

Tomate

Los tomates son frutos redondos, rojos y carnosos. Contienen una buena cantidad de VITAMINAS esenciales, especialmente la vitamina A y la C.

Los tomates se plantaron por primera vez en América del Sur. Habían estado creciendo en las montañas de los Andes durante miles de años. En 1596 los españoles los trajeron a Europa. Al principio, nadie los quería comer. La gente pensaba que eran venenosos, y se cultivaban como plantas de adorno. Durante mucho tiempo, se les llamó «manzanas del amor», o «manzanas doradas».

▲ León Tolstoi heredó tierras de su familia, pero tenía ideas muy avanzadas para su tiempo. Se aseguró de que la gente que trabajaba para él tuviera hogar y educación.

TONGA

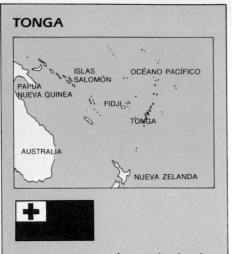

TONGA

ISLAS SALOMÓN

OCÉANO PACÍFICO

PAPUA NUEVA GUINEA

FIDJI

TONGA

AUSTRALIA

NUEVA ZELANDA

Gobierno: Monarquía constitucional
Capital: Nuku'alofa
Superficie: 699 km²
Población: 100.000 hab.
Lenguas: Tongano, inglés
Moneda: Pa'anga

Aunque los tomates son realmente un fruto, la mayoría de las veces se comen como vegetales. En el siglo XX empezaron a hacerse populares y hoy en día se cultivan en todo el mundo.

Tonga

Tonga es un reino isleño del Pacífico. También es conocido como las *Friendly Islands* o islas amistosas. Hay tres principales grupos de pequeñas islas, que tienen un clima cálido y agradable. Los cultivos principales son el plátano y la copra.

El reino estuvo bajo la protección de Gran Bretaña en 1900, y obtuvo su independencia en 1970. De 1918 a 1965 la soberana de las islas fue la reina Salote Tupou, personaje muy popular. Le sucedió su hijo, el príncipe Tungi.

Sus habitantes naturales son excelentes marinos y tienen fama de construir las mejores canoas de Oceanía.

Topo

Los topos son pequeños animales excavadores. Se les encuentra en todo el mundo. Tienen un hocico estrecho y grandes pies con garras para cavar la tierra con rapidez.

Los topos pasan la mayor parte de sus vidas bajo tierra. Sus ojos son casi inservibles pero tienen el oído muy

▼ Los topos utilizan cámaras diferentes en sus túneles para dormir, almacenar la comida y criar a sus pequeños.

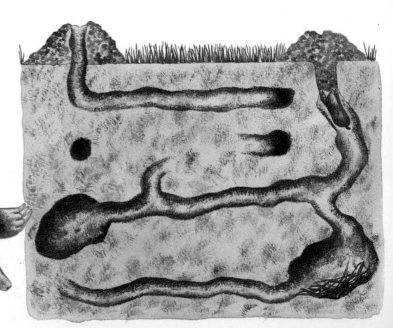

fino y su nariz es muy sensible para encontrar comida. Los topos comen principalmente gusanos y larvas.

Topografía

La topografía es el uso de los instrumentos de medida y cálculo de ciertas sumas para descubrir las posiciones exactas de lùgares en la superficie de la Tierra. Con este tipo de información algunas personas pueden hacer mapas, construir puentes, carreteras y edificios.

> Los antiguos egipcios ya utilizaban métodos de topografía en el siglo XIII a.C. para colocar las marcas de los límites que cada año las aguas de inundación del Nilo cubrían. También utilizaron la topografía para construir las pirámides con precisión. Los babilónicos, en el año 3.500 a.C., hicieron mapas muy precisos.

◀ Este topógrafo está tomando medidas al objeto de construir una nueva carretera, exactamente por la ruta planeada.

Tormenta

Las tormentas son perturbaciones atmosféricas acompañadas de fenómenos eléctricos, nubes tempestuosas, vientos violentos y lluvia, que en algunos casos llega a la solidez (granizo). Están causadas por la ELECTRICIDAD del aire. Las diferentes cargas eléctricas se acumulan dentro de las grandes nubes de lluvia. Cuando dichas cargas son

◀ El relámpago saltará desde una nube hasta el más alto conductor en la tierra, como un rascacielos. Para protegerse, los edificios altos están provistos de un pararrayos en el tejado que conecta la carga a la tierra mediante un cable, sin causar daños.

TORNADO

Las tormentas se dan con más frecuencia en los trópicos. En algunas áreas pueden ocupar hasta 200 días al año. En las islas Británicas suelen tener lugar durante más de 15 días al año, pero por las costas del oeste no suelen oír truenos más de 5 días al año.

lo suficientemente fuertes, una chispa salta de una parte cargada de la nube a otra. A veces la chispa salta de la nube a la tierra. Vemos la chispa como un RELÁMPAGO. El relámpago calienta el aire. El aire se expande (se hace más grande) tan rápidamente que explota, haciendo el estridente ruido que llamamos trueno.

Como el sonido se propaga más lentamente que la LUZ, siempre oímos el trueno después de ver el relámpago. El sonido del trueno necesita más o menos tres segundos para recorrer un kilómetro. Para descubrir a cuántos kilómetros de distancia está la tormenta, cuenta los segundos transcuridos entre la visión del relámpago y el ruido del trueno y divide el número por tres.

Tornado

Los tornados son violentos y turbulentos HURACANES. La mayoría de ellos tienen lugar en América, pero pueden producirse en cualquier lugar del mundo.

Los huracanes son fuertes vientos que se acumulan por encima del mar. Los tornados, en cambio, se acumulan por encima de la tierra. Este fenómeno ocurre cuando las grandes masas de nubes se encuentran. Las nubes empiezan a girar. Paulatinamente, esas nubes se juntan para formar un gigante y retorcido embudo. Cuando este embudo hace contacto con la tierra, absorbe cualquier cosa que se encuentre en su camino: árboles, casas, coches o personas.

Los tornados más violentos tienen lugar en Estados Unidos. Van a más o menos 50 kilómetros por hora, acompañados de un rugido que puede percibirse a 40 kilómetros de distancia. Muchas fincas tienen cuevas especiales donde la gente pueda refugiarse de los tornados.

▼ En el centro de un tornado, los vientos pueden alcanzar velocidades de hasta 650 km/h. Los tornados causan un gran daño cuando establecen contacto con la tierra.